AF503352

Georges BRUEL
Administrateur-Adjoint des Colonies

L'Occupation du Bassin du Tchad

LA RÉGION DU HAUT-CHARI

(Conférence faite à Moulins, le 4 Janvier 1902)

MOULINS
CRÉPIN-LEBLOND, IMPRIMEUR-ÉDITEUR
Rue Jean-Jacques-Rousseau, 13

1902

Georges BRUEL
Administrateur-Adjoint des Colonies

L'Occupation du Bassin du Tchad

LA RÉGION DU HAUT-CHARI

(Conférence faite à Moulins, le 4 Janvier 1902)

MOULINS
CRÉPIN-LEBLOND, IMPRIMEUR-ÉDITEUR
Rue Jean-Jacques-Rousseau, 13

1902

Le Faki Safi, envoyé du sultan Snoussi ben Abaker, et ses griots, à Fort-Crampel

L'OCCUPATION

DU

BASSIN DU TCHAD

LA RÉGION DU HAUT-CHARI

MESDAMES, MESSIEURS,

Le 12 mars 1890, Paul Crampel écrivait :

« *En dehors des résultats directs qu'il peut avoir, mon voyage sera — que je réussisse ou que je meure, — le symbole de ce que la France doit exécuter dans l'avenir. En France, on ne se passionne pas pour des théories compliquées : il faut une formule simple et un fait qui la synthétise, la concrétise pour ainsi dire. Eh bien ! la réunion sur les bords du Tchad de nos possessions de l'Algérie-Tunisie, du Soudan français et du Congo sera cette formule et mon voyage sera le fait symbolique.* »

Le 21 avril 1900, le rêve de Crampel se réalisait par la concentration, au confluent du Chari et du Logone, de nos vaillantes troupes, venues les unes d'Algérie à travers le Sahara, sous la conduite de M. Foureau et du commandant Lamy ; les autres du Soudan français sous la direction du capitaine Joalland, pendant que le groupe principal, ayant à sa tête le Commissaire du Gouvernement Gentil, avait passé par le Congo français. Le lendemain, 22 avril, la brillante victoire de Kousseri assurait notre domination sur le Bas-Chari et les rives du Tchad.

Ainsi, il avait fallu dix ans pour atteindre le but que M. de Brazza s'était assigné pour achever son œuvre congolaise. En effet, avec sa vision claire et géniale des choses de l'Afrique, il avait compris, il y a longtemps, que l'empire africain de la France ne pouvait être assis sur des bases solides que si nos trois grands groupes de possessions s'unissaient et se prêtaient un mutuel appui ; mais, ne voulant pas attirer l'attention de nos rivaux sur ce projet grandiose, de peur d'en rendre l'exécution plus difficile, il craignait de faire connaître au public cette idée directrice de sa politique. Au contraire, Crampel, qui avait servi sous ses ordres comme secrétaire particulier, qui, par suite, connaissait ses plans et qui savait aussi le peu d'argent que la France mettait à sa disposition, crut que, pour aboutir rapidement, il fallait les faire connaître au grand public par la voie des journaux pour l'amener à aider ou même à devancer l'œuvre de l'Administration coloniale.

Aussi, dès qu'avec de généreux concours financiers et l'aide de notre compatriote Harry Alis, il eut organisé sa mission et se fut embarqué, fit-il annoncer par la presse quel était le but qu'il cherchait à atteindre. Puis, dans une série d'articles, Harry Alis faisait connaître successivement les départs de Mizon et de Monteil, qui s'étaient donné rendez-vous sur les bords du Tchad, chacun cherchant à l'atteindre par des voies différentes. Monteil seul devait y arriver.

Enfin, sous l'énergique impulsion de Harry Alis, du prince d'Arenberg, de M. Etienne, le comité de l'Afrique française se forma. Il recueillit des souscriptions et lança à l'assaut de l'Afrique toute une légion d'explorateurs ; à mesure que l'un tombait ou était forcé de rentrer, d'autres partaient et peu à peu on se rapprochait du but. L'annonce de la mort de Crampel, assassiné avec une partie de ses compagnons dans le Bled el Kouti surexcita l'opinion et l'argent afflua au comité de l'Afrique française, pendant que Dybowski, puis Maistre et ses compagnons se mettaient en marche vers le Nord. Ils découvrirent le Gribingui, le Bahr-Sara, affluents du Chari, et traversèrent le sud du Baghirmi, ce qui nous permit de nous faire reconnaître diplomatiquement, en 1894, la plus grande partie du bassin du Chari.

Nous devons être reconnaissants à l'initiative privée, qui nous permit ainsi d'obtenir ces avantages, et il est à souhaiter que sur tous les points du globe, dans toutes les affaires, une généreuse émulation s'établisse entre l'Administration et les particuliers isolés ou, mieux, groupés en associations puissantes.

C'est grâce à cette collaboration que l'on a pu, à la fin du siècle dernier, faire enfin exécuter la traversée du Sahara à une mission scientifique dont l'importante escorte est arrivée en assez bon état pour prêter un concours efficace aux troupes qui opéraient dans le bassin du Tchad. La mission saharienne ne put, en effet, être organisée que grâce au legs fait à la Société de Géographie de Paris par M. Renoust des Orgeries, et à la collaboration des Ministères de la Guerre, des Colonies et de l'Instruction publique.

N'ayant pas fait partie de la première Mission Gentil, je ne vous en ferai pas un historique détaillé ; je vous rappellerai

UNE PIROGUE PASSANT UNE PETITE CHUTE DE LA TOMI

seulement que M. l'administrateur Gentil quitta la France au printemps de 1895 avec un bateau démonté, qu'il devait transporter dans le bassin du Tchad.

Il y a trois ans, j'ai eu l'honneur de vous parler de l'Oubangui, voie de pénétration vers l'Afrique centrale, et de vous décrire, accessoirement, la route des caravanes ; cela me dispense de m'étendre sur les difficultés énormes que M. Gentil et ses collaborateurs Huntzbuchler, Prins, Le Bihan eurent à surmonter pour faire transporter à tête d'homme, sur les 600 kilomètres qui séparent Loango de Brazzaville, les deux mille charges de la mission dont sept pesaient plus de deux cents kilos. En trois mois, cette première difficulté était vaincue. Mais, après avoir transporté en vapeur ou en pirogue tout ce matériel jusqu'à Krébedjé, sur la Haute-Tomi, il fallait faire un tour de force encore plus extraordinaire : amener des populations à peine entrevues par Maistre, qui l'avaient même combattu et qui n'avaient jamais fait de portage, amener, dis-je, ces populations à prendre sur leur tête les pièces du vapeur et tout le matériel pour les porter à 180 kilomètres plus loin. Heureusement, M. Gentil, qui avait l'expérience des choses du Congo, possédait en même temps deux qualités indispensables : une énergie remarquable et une patience inlassable.

Le 21 septembre 1896, les pièces du vapeur étaient à Nana ; pas une ne manquait et on put commencer le montage. M. Gentil qui n'avait alors pour le seconder que cinq ouvriers noirs, assez médiocres, leur adjoignit un forgeron indigène et se mit lui-même à l'ouvrage.

Le 1er février 1897, arrivait enfin un mécanicien, M. de Mostuéjouls, qui procédait au montage de la machine et de deux baleinières en acier. En avril, on fit les essais, mais on ne put se mettre immédiatement en route vers le Tchad, car on était en saison sèche et l'on devait attendre du matériel et du personnel de renfort.

Le sultan du Bled el Kouti, Snoussi, chez qui Crampel avait été assassiné, était venu en effet avec des forces importantes à peu de distance du poste de Gribingui, sans doute avec des intentions hostiles ; mais sachant que la mission était bien armée et toujours sur ses gardes, voyant qu'une surprise était impossible, il aima mieux négocier.

Tranquille de ce côté, on se mit enfin en route le 21 août, avec le *Léon Blot* (nom donné au vapeur) et deux baleinières. A la fin de septembre, M. Gentil arrivait à Massénia, capitale du Baghirmi, et signait un traité avec le sultan Gaouran, qui plaçait ses états sous le protectorat de la France. Ce premier succès remporté, la mission reprenait sa marche vers le Nord et, le 1er novembre 1897, atteignait les eaux libres du Tchad.

On n'y avait aucune nouvelle du capitaine Cazemajou, qui était parti du Soudan pour atteindre le Tchad en suivant une route voisine de celle de Monteil. A ce moment, retenu par des opérations militaires, il était toujours dans la boucle du Niger. Au printemps suivant, il devait être assassiné à Zinder, à moitié route du Tchad. D'un autre côté le bois faisait défaut, les marchandises s'épuisaient, la houle du lac était trop forte pour un bateau bas sur l'eau et à demi ponté seulement; enfin et surtout, il ne fallait pas laisser à Rabah le temps d'envoyer des ordres de Dikoa; aussi M. Gentil décida-t-il de rentrer de suite à Gribingui.

Ce fut une heureuse inspiration. En effet, l'arrivée du vapeur avait tellement étonné et surpris les populations que les garnisons rabistes avaient évacué Kousseri et Goulfei avant son passage. Mais si cette machine fantastique, un vapeur, terrifiait les Kotokos, les Bornouans, les Baghirmiens, il ne devait pas en être de même de Rabah, qui en avait vu sur le Nil. Il était même à prévoir que, dès qu'il aurait des renseignements exacts sur l'armement de l'expédition (cinquante-sept fusils seulement, y compris ceux des Européens et pas de canon), il renverrait ses garnisons avec des renforts en leur donnant l'ordre d'attaquer les Européens, contre lesquels il nourrissait une haine farouche, qui, seize ans auparavant, lui avait fait quitter le Bar-el-Gazal pour les fuir.

On apprit par la suite qu'il avait en effet renvoyé des garnisons à Kousseri et à Goulfei, fait couper la tête à un certain nombre de notables, coupables de nous avoir bien accueillis, et imposé de lourdes amendes à ces deux villes.

En passant à Bousso, on prit une ambassade baghirmienne que le sultan Gaouran envoyait en France; elle se composait de Sliman, beau-frère du sultan, et d'un grand de la cour: Lamana.

A son retour à Gribingui, M. Gentil négocia un traité de protectorat avec le sultan Snoussi, que M. Prins avait été visiter avec une escorte composée de deux Sénégalais seulement. Le sultan du Kouti, imitant Gaouran, envoya en France El Hadj Tekrour et Azrek. Ce sont ces quatre envoyés qui, conduits par MM. Gentil et Bretonnet, vinrent en 1898 assister à la revue de Gennetines, où notre puissance militaire les stupéfia littéralement. « Ah ! me disait El Hadj Tekrour, il y a huit mois, j'ai dit bien des fois au sultan qu'en ta compagnie j'ai vu plus de deux mille canons et des cavaliers aussi nombreux que les sauterelles qui viennent manger nos récoltes de mil. J'ai aussi parlé de vos canons, qui sont longs comme des borassus (1). Je ne cesse de répéter qu'il est aussi impossible de lutter contre vous que contre le vent ou le tonnerre. »

Malheureusement ceux qui nous connaissent ainsi sont trop peu nombreux, et, lorsqu'ils racontent ce qu'ils ont vu, leurs compatriotes ne peuvent et ne veulent pas les croire. Nulle part on ne révolutionne les idées, il faut du temps pour les laisser évoluer.

Dès sa rentrée en France, M. Gentil fit désigner pour le suppléer Bretonnet, le vaillant lieutenant de vaisseau, qui avait accompagné Mizon à Yola et avait ensuite occupé Boussa et le Haut-Dahomey en 1896-97. Il donna sa démission d'officier pour entrer dans le corps des administrateurs coloniaux, afin de se consacrer tout entier à l'Afrique.

Le 10 octobre 1898, il s'embarquait avec les envoyés noirs et peu après ses collaborateurs, MM. le lieutenant Braun, le chef d'exploration Perdrizet, les chefs de poste Costa, Pourret, Castel et l'interprète Hassen le suivaient.

Le 14 novembre, on apprenait à Paris que Rabah, furieux de voir que le Baghirmi avait fait alliance avec nous, l'avait envahi. Gaouran avait brûlé sa capitale Massénia et s'était réfugié au Sud, vers le 10e degré de latitude, sur les bords du Chari.

Aussitôt M. Gentil demanda à M. Guillain, ministre des Colonies, de donner des ordres pour que la compagnie Julien, envoyée pour relever la mission Marchand et qui devenait disponible par suite de l'évacuation de Fachoda, fut mise à la disposition de Bretonnet, pour parer au plus pressé.

On nomma ensuite M. Gentil Commissaire du Gouvernement au Chari, et on décida d'envoyer des renforts. Le 25 décembre 1898, M. le chef d'exploration Pinel s'embarquait pour le Sénégal et le Soudan où il allait recruter 200 hommes. Le 25 janvier 1899, les capitaines Robillot, de Cointet, de Lamothe, le sergent Cathala, le chef de poste Landre, quittaient Marseille avec une partie des approvisionnements et du matériel de guerre : fusils, cartouches, munitions d'artillerie, quatre canons de montagne de 80 $^{m}/_{m}$, un canon à tir rapide de 37 $^{m}/_{m}$, trois canons-revolvers de 37 $^{m}/_{m}$. A notre tour, le 25 février, nous

(1) Canons de côtes qu'on lui avait montrés.

prenions passage à bord du *Stamboul* avec M. le Commissaire Gentil, le docteur Sibut, le chef d'exploration de Mostuéjouls, le lieutenant Kieffer, les maréchaux des logis Levassor et Baugnies, et nous embarquions à Oran les interprètes Redjem ben Said, Abd el Kader et Kadi Larbi. Nous avions avec nous du matériel, des vivres, les tranches d'un grand chaland démonté, de 13 mètres de long sur $2^{m}70$ de large, ainsi que des rechanges pour le *Léon-Blot* et sa machine.

Grâce au chemin de fer de Matadi à Ndolo, la montée jusqu'au Stanley-Pool fut facile, et, dans les premiers jours d'avril, tout, matériel et personnel, était concentré à Brazzaville.

Une première partie de la mission partait pour Bangui le 6 avril sur le *Foumou Ntangou*, et le reste suivait bientôt sur les vapeurs *Léon XIII*, *Reine-Wilhelmine*, *Henriette ;* ce dernier arrivait à Zinga, un peu en aval de Bangui, à la fin de juin. De là, en utilisant les baleinières du cercle de Bangui et les pirogues que le Haut-Oubangui mit à notre disposition, nous remontâmes tous par eau jusqu'à Krébedjé, point où s'arrête la navigation de la Tomi, et où il y avait un poste.

Il nous fallut ensuite recruter des porteurs pour passer la ligne de faîte, qui sépare le bassin de l'Oubangui de celui du Chari, et atteindre le poste de Gribingui où l'on devait réparer le *Blot* et monter le chaland.

Pour ne pas tuer la poule aux œufs d'or, M. Gentil décida de créer des postes à Ungourra et à Nana, de façon que les mêmes porteurs ne fissent pas plus de deux jours de corvée. De la sorte, on dérangeait les indigènes durant six ou huit jours au plus ; on ne leur imposait qu'un effort très modéré, qui ne les rebutait pas. Naturellement, pour les grosses charges : pièces d'artillerie, tranches de chaland ou de baleinière, on augmentait le paiement ou on traitait à forfait. On prit des mesures pour assurer aux porteurs une nourriture abondante et on construisit des hangars à chaque étape pour les protéger contre les intempéries. De nombreuses reconnaissances, dirigées par des officiers ou des fonctionnaires, sillonnèrent le pays pour l'étudier en détail et entrer en relation directe avec tous les indigènes ; on a toujours intérêt, en effet, à supprimer les intermédiaires qui, presque toujours, ont des intérêts différents des vôtres.

M. Gentil, arrivé au poste de Gribingui le 29 juin, y recevait, le 23 juillet, un courrier de Bretonnet, daté de Kouno 6 juillet, dans lequel il lui annonçait qu'il avait rejoint Gaouran, après avoir vu le sultan Snoussi dans sa capitale de Ndellè. Il ajoutait :

« *J'ai confié au lieutenant Durand-Autier la délicate mission d'aller aux avants-postes de Rabah porter une lettre dans laquelle j'annonce mon arrivée à Rabah et lui déclare que nous n'avons aucune intention hostile contre ses états. Je lui dis me refuser à croire le bruit qui m'est rapporté et d'après lequel il retiendrait prisonnier M. de Béhagle, venu à lui avec des paroles de paix et confiant dans les assurances de paix qui lui avaient été données. Le lieutenant Durand-Autier, parti avec la baleinière et quinze miliciens d'escorte, a ordre d'attendre la réponse de Rabah et M. de Béhagle à Mainfa...*

« *Le bruit de la mort de M. de Béhagle fut même rapporté, mais j'espère qu'il en est de ce bruit comme de celui qui, grossissant cette razzia de vivres, annonçait que Rabah en personne marchait sur Kouno pour s'emparer des armes et munitions avant l'arrivée du vapeur.* »

Plus loin :

« *Il importe, néanmoins, de sortir le plus tôt possible de cette situation intenable et d'aller occuper Massénia, toujours tenu par l'alifa Moilo...* »

Au reçu de cette lettre, M. Gentil, très inquiet sur le sort de nos camarades qu'il considérait comme très exposés, comme menacés d'un danger qu'ils ne paraissaient pas soupçonner, décida de hâter le départ et le fixa au 6 août. Il envoya d'urgence deux cents porteurs, qu'il avait demandés à Snoussi, chercher à Krébedjè, sous la conduite de M. Pinel, deux canons-revolvers, des munitions et du matériel indispensable pour marcher de l'avant.

Mais, le 2 août, à deux heures du soir, un nouveau courrier nous apportait les nouvelles résumées dans la lettre suivante :

« *Togbao, le 17 Juillet 1899.*

« *... Vous ne m'en voudrez pas quand vous saurez que cet excellent Rabah est actuellement à Kouno, à une vingtaine de kilomètres d'ici, et qu'il arrivera ici dans la journée ou demain.*

« *J'ai avec moi quarante-quatre miliciens, trois canons installés dans un fortin qui commande tous les environs, et le sultan du Baghirmi avec environ quatre cents fusils à piston.*

« *J'ai dû quitter Kouno, absolument indéfendable, pour cette montagne de Niellim (village de Togbao) où nous commandons la situation et où trente hommes tiendraient contre une armée.*

« *Quant à Rabah, il a, dit-on, 2.000 hommes et 1.500 cavaliers. Je ne vois pas du tout ses cavaliers dans la montagne !* »

Nous espérions que, grâce à sa forte position et au peu de qualités offensives de ses adversaires, Bretonnet pourrait repousser la première attaque, qu'il serait ensuite assiégé et que l'on aurait le temps d'arriver pour le délivrer.

Le départ de la compagnie Julien fut donc décidé ; mais les réparations du *Blot* n'étaient pas terminées, la machine était toute démontée ; n'importe ! on partira quand même ! M. Gentil fit appel au dévouement de M. de Mostuéjouls, qui décida de finir le montage pendant que le vapeur descendrait à la perche et à la pagaie.

Toute la nuit on chargea le vapeur et le chaland. Le 3 août, la descente commença. Le 4, de grand matin, leur correspondance officielle terminée, M. le Commissaire du Gouvernement et le capitaine Robillot rejoignaient le vapeur en baleinière. A bord de la flottille, outre l'équipage, il y avait 147 miliciens, trois officiers, un docteur, deux sous-officiers, un brigadier d'artillerie et deux pièces de 65 m/m.

Arrivé au poste de Gribingui le 1er août, j'avais pris le commandement de la région civile du Haut-Chari, avec ordre de hâter la marche du matériel et du personnel, pour être prêt à toutes les éventualités : Renforcer nos troupes engagées dans le Bas-Chari, ou repousser une attaque, fort improbable mais non impossible, de notre allié Snoussi.

Il est toujours bon, surtout en Afrique, de se défier de ses amis. Heureusement pour nous, les noirs manquent de décision, d'audace, de qualités offensives en un mot, ce qui fait que presque toujours ils laissent passer l'occasion d'agir. Rabah est un des rares noirs qui aient compris quels avantages l'offensive donne sur l'adversaire.

Je restais au poste avec une dizaine d'hommes à peine et des magasins bondés de marchandises et de munitions. L'occasion était donc belle ! Il est vrai que Ndéllé, la résidence de

Snoussi, est à dix jours de marche dans le nord-est de Gribingui, et, quinze jours après le départ du *Blot,* la compagnie de Cointet devait être au poste, suivie, à deux jours de marche, par la compagnie de Lamothe. Aussi, n'avais-je aucune crainte pour moi, mais j'étais inquiet du sort de Bretonnet et de ses camarades.

Le 24 août, à ma grande stupéfaction, je vis revenir M. Gentil. « Ils sont tous morts, me dit-il simplement, sauf Samba Sall. »

Immédiatement, on rassembla tout le personnel blanc et noir et, dans une brève allocution, M. Gentil annonça la triste nouvelle. Il fit appel au patriotisme de nos Sénégalais, les invita à venger leurs chefs et leurs camarades. Nombre de miliciens, vieux serviteurs ayant sept, huit, neuf ans de Congo, qui étaient libérables et allaient rentrer au Sénégal, rengagèrent pour la durée de la campagne. On expédia à la hâte des courriers et l'on prit des dispositions pour le prochain départ de la compagnie de Cointet.

Pendant la nuit, M. Gentil me raconta les événements :

Le *Blot* n'avait pu commencer la descente à la vapeur que quatre jours après le départ. On avait eu quelques difficultés pour passer les rapides près de l'embouchure du Gribingui et pour nourrir le nombreux personnel embarqué ; aussi avait-on été fort heureux de tuer un grand nombre d'hippopotames. Il est difficile, en effet, de découvrir des villages le long du Gribingui, car ils sont assez loin dans la brousse, au-delà de la zone d'inondation.

Arrivé au village Tounia du chef Gaoura, le 16 août, on trouva la berge couverte de Baghirmiens et, au milieu d'eux, Samba Sall en guenilles, avec un bras cassé. Il donna les détails suivants sur le combat :

Le 18 juillet, vers huit heures du matin, l'attaque avait commencé sous la conduite personnelle de Rabah. Les archives, prises au cours de la campagne, nous apprirent qu'il disposait de plus de 2.700 fusils, dont un millier à tir rapide ; de 8.000 auxiliaires armés de flèches et de sagaies, et de 2.000 cavaliers ; le tout divisé en treize bannières.

La première attaque fut vaillamment repoussée, mais elle nous coûtait cher : le capitaine d'artillerie Braun était tué raide et Bretonnet lui-même était blessé à la poitrine. Une deuxième attaque fut aussi repoussée ; Bretonnet, perdant ses forces, écrivit alors au lieutenant Durand-Autier, qui était auprès de Gaouran avec dix Sénégalais, de le rejoindre sur la colline pour prendre la direction du combat. Pendant qu'il accourait, le M'baroma, chef baghirmien chargé de garder le défilé avec 400 cavaliers, passait à l'ennemi, qui, enhardi par cette défection, recommença l'attaque avec une grande vigueur. Bretonnet fut tué, ainsi que le maréchal-des-logis Martin ; en essayant de reprendre la colline et les canons, Durand-Autier et ses hommes se firent aussi massacrer. Gaouran, qui était resté au pied de la colline avec une grosse escorte de cavaliers, reconnut qu'il n'avait plus qu'à mourir ou à passer sur le ventre de ses ennemis. Il chargea, vit les siens se faire tuer en masse pour le protéger, reçut deux blessures, mais réussit à passer. De leur côté, Pourret, Hassen, Chabka se faisaient bravement tuer.

A trois heures, le combat finissait faute de combattants : cinq Européens, deux Arabes, quarante-deux miliciens (Sénégalais, Pahouins ou Bacongos) étaient morts ; Samba Sall et deux autres blessés étaient faits prisonniers. La défense avait été héroïque ; Rabah avait un millier d'hommes hors de combat, parmi lesquels son fils Niébè qui avait eu la jambe cassée par une balle ; aussi sa fureur était-elle terrible. Il fit appeler ou mieux porter Samba Sall et ses compagnons devant lui et les interrogea. Apprenant le petit nombre de ceux qui avaient combattu avec Bretonnet, étonné de trouver des hommes si courageux et qui ne tremblaient pas devant lui, il offrit à nos miliciens de servir dans son armée. Ils refusèrent avec indignation ; mais l'interprète (un ancien milicien de Crampel) atténua leur réponse et leur sauva ainsi la vie.

Samba Sall s'évada ensuite seul, car ses deux compagnons, trop grièvement blessés, ne pouvaient le suivre. A quelques jours de là, mourant de faim et souffrant atrocement, il fut fait prisonnier par des Saras, qui capturèrent aussi beaucoup de fuyards baghirmiens. Il parvint à se sauver de nouveau et fut recueilli par Gaoura, chef Tounia, qui le traita bien.

En récompense de cette belle conduite, l'unique survivant de la troupe héroïque de Bretonnet fut fait chevalier de la Légion d'honneur.

Rabah, après cette victoire si chèrement achetée, revint s'installer à Kouno et envoya (nous l'avons appris depuis) l'ordre à son fils Fadel Allah, qui était resté à Dikoa, de pendre de Béhagle. Celui-ci, qui, depuis longtemps, avait fait le sacrifice de sa vie, qui avait intimidé tout le monde par son sang-froid et la hardiesse de ses réponses, marcha au supplice en disant : « Je vais mourir et n'ai pas peur. Quant à vous tous : Rabah, vous ses fils, et vous ses serviteurs, avant douze lunes vous serez morts ou en fuite. Vous ne coucherez plus longtemps dans vos cases : la France me vengera ! »

Nous sommes fiers de n'avoir pas fait mentir ce martyr de la cause française.

Il eût été de la dernière imprudence d'attaquer Rabah avec 147 fusils ; aussi décida-t-on de chercher une bonne position que l'on mettrait en état de défense, pendant que le *Blot* irait chercher les compagnies encore en arrière et le reste du matériel.

Le *Blot* se mit en route le 19 août au soir, marcha jour et nuit grâce à la lune, bien que le fleuve soit fort étroit et à coudes très brusques, et au bout de 160 heures, il arrivait au poste de Gribingui. On avait marché 130 heures et coupé du bois pour la machine durant les trente autres heures.

M. le Commissaire du Gouvernement décida alors de m'envoyer dans l'Oubangui chercher une compagnie de renfort, qu'il pouvait réquisitionner grâce aux pouvoirs que lui avait donnés M. le Commissaire Général. Je partis donc, le 26 août, à marches forcées. En mon absence, M. Gentil prenait lui-même la direction effective de la région civile et faisait monter rapidement notre artillerie, les munitions, les vivres.

Le 25 septembre, j'arrivais à Rafai auprès de M. le Commissaire Délégué du Gouvernement Henry. Les troupes n'ayant pas encore évacué Dem-Ziber et le Bahr-el-Ghazal, nous dûmes attendre l'arrivée du commandant des troupes, et ce fut le 9 novembre seulement que la 10e compagnie reçut l'ordre d'aller au Chari.

Deux jours après, je quittai Rafai pour regagner mon poste en toute hâte. Le 13, dans la brousse, je reçus une lettre de M. Gentil datée du 11 octobre. Lassé d'attendre en vain des renforts, il s'était décidé à partir avec la compagnie de Lamothe et cinquante hommes, pour tenter de rejoindre sur les rives du Tchad le colonel Klobb, dont nous connaissions le départ ; il ne laissait à Gribingui que 56 fusils.

Si Snoussi avait marché sur le poste de Gribingui, dans quel état trouverais-je ma région ? Quel avait été le résultat de la rencontre avec Rabah ? La compagnie de Cointet avait-elle pu faire sa jonction avec Robillot ? Le *Blot* n'avait-il pas été enlevé ? Telles étaient quelques-unes des questions qui m'angoissaient.

Le 16, heureusement, à deux heures de Bangassou, je rencontrai M. Pierre, ce qui me tranquillisa un peu. Il arrivait du Gribingui et m'annonça que le *Blot* était rentré, sa mission accomplie, et que M. Gentil était descendu à son bord. La compagnie de Cointet avait rejoint sans encombre le capitaine Robillot, que Rabah n'avait pas osé attaquer.

M. Pierre venait de faire un fort beau voyage d'exploration entre Rafai et Ndéllè, avec une escorte de deux Sénégalais seulement et quelques soldats de Rafai. Snoussi l'avait fort bien accueilli ; il faut dire cependant que Rafai nous avait prévenus que, dès son arrivée, Snoussi avait envoyé une lettre à Rabah demandant ce qu'il devait faire de MM. Mercuri et Pierre. Il ajoutait même qu'en attendant la réponse, il les avait fait enchaîner. Cette dernière nouvelle était fausse, mais la fourberie des musulmans est si grande que rien ne dit que la première le fût aussi.

M. Pierre m'annonça aussi le meurtre du colonel Klobb. Cette nouvelle était tellement invraisemblable que ni moi ni les autres Européens ne pouvions y croire.

Le 28 novembre, à la mission de la Sainte-Famille, apprenant que M. de Lamothe, Commissaire Général, était à Bangui, je décidais d'aller lui rendre compte de ma mission pour le renseigner et solliciter les renforts nécessaires. Le lendemain, j'étais auprès de lui et, hélas ! il me confirmait le meurtre du colonel Klobb.

Qu'allaient devenir les trois missions : Saharienne, Afrique Centrale et du Chari ? Leur concentration sur les bords du Tchad pourrait-elle s'accomplir ? C'était l'objet de toutes nos conversations, de toutes nos préoccupations. Aussi, M. le Commissaire général attendait-il, pour prendre une décision définitive, l'arrivée d'un courrier de France, qui le renseignerait sur le sort des deux autres missions et sur la façon dont on aurait accueilli en France l'annonce de la mort de Bretonnet. Ce courrier, qui était attendu dans les premiers jours de décembre, n'arriva que fin février.

Personnellement, j'étais persuadé que l'une au moins des deux missions coopérerait avec nous contre Rabah. Je comptais même les voir arriver toutes les deux, pensant que le capitaine Voulet, qui ne pouvait avoir agi que dans un accès de folie passagère, comprenant toute l'étendue de son crime, se serait fait justice lui-même et que ses camarades, qui ne pouvaient être ses complices, continueraient la mission.

Le 2 décembre, par une lettre très brève, M. Gentil m'annonçait la bataille de Kouno et son retour à Gribingui. Le 10 décembre, il arrivait pour conférer avec M. le Commissaire Général, dont il avait appris le séjour à Bangui.

Il nous raconta le combat de Kouno :

Le 23 octobre, on avait quitté le poste de Fort-Archambault. où on laissait seulement vingt hommes et un canon. La flottille transportait une compagnie, l'artillerie, la réserve de munitions et les vivres ; le reste de la colonne marchait parallèlement par terre. Le 29 octobre, on arrivait devant Kouno. Nous avions 344 fusils, deux canons de 80 $^{m}/^{m}$, un canon de 65 $^{m}/^{m}$ et, à bord de la flottille, un canon-revolver et un canon à tir rapide, tous deux de 37 $^{m}/^{m}$.

A neuf heures la flottille, puis l'artillerie de terre ouvrent le feu. Une pièce de Rabah (de celles qu'il avait prises à Togbao) répond au feu du vapeur, les deux autres ripostent à l'attaque de terre. L'ennemi essaye de déborder notre aile gauche, mais quelques feux de salve et une charge à la baïonnette le refoulent ; nous progressons rapidement, on atteint les premières cases en paille, qui entourent le tata (on appelle ainsi l'enceinte palanquée qui sert de fortifications aux noirs du Soudan) et on y met le feu. Nos pièces, tirant à schrappnels et à mélinite, tuent beaucoup de monde et allument des incendies. Du vapeur, on voit une foule de fantassins et de cavaliers qui fuient ; la flottille crible ces fuyards et les troupes qui lui sont opposées, de ses petits projectiles qui causent à l'ennemi de grandes pertes. C'est ainsi qu'est tué Othman Cheiko, gouverneur de Kousseri.

A midi et demi, nos Sénégalais, qui n'ont qu'une idée : marcher de l'avant, réclament l'assaut. Il faut profiter de leur enthousiasme bien que ce soit un peu tôt et le capitaine Robillot fait sonner la charge. La première compagnie, la plus proche, se rue en hurlant et arrive sur la palissade en rôniers.

Le maréchal des logis de Possel est tué en assayant de l'escalader, quatre hommes succombent à leur tour en voulant ramener son corps et finalement c'est le lieutenant Galland, qui peut l'enlever.

Le feu de l'ennemi, qui tire à bout portant, nous fait beaucoup de mal, il faut reculer de quelques mètres ; notre colonne a un trop faible effectif.

Affut de canon de 80 m/m déformé par le tir a la bataille de Kouno
Un canon de 37 m/m a tir rapide

La fusillade continue et notre artillerie, qui s'est rapprochée à soixante-dix mètres, tire avec rage. Malheureusement nos gargousses avaient été mouillées dans les transports en pirogue et rendues inutilisables ; on en avait fait de nouvelles avec de la poudre pour canon de quatre, qui est plus vive ; mais, bien que l'on ait diminué les charges, sous l'effort trop brusque, les flasques des affuts de 80 m/m s'ouvrent, les manivelles ne tournent plus. Pour tirer les derniers coups à mélinite, il faut transporter un canon de 80 sur l'affût de 65.

A quatre heures et demie, nos rangs se sont si éclaircis, la fatigue est si grande que le capitaine Robillot juge qu'un nouvel assaut ne nous conduirait qu'à un désastre. On se replie donc vers le vapeur à huit cents mètres de l'ennemi qui, exténué lui aussi, mourant de soif, n'avait pas la force de nous suivre.

A la fin du combat, le capitaine Robillot, qui s'était beaucoup exposé, qui servait de cible à cause de sa grande tenue de flanelle blanche, qu'il avait tenu à mettre pour entraîner nos jeunes troupes, a la cuisse traversée par une balle. Malgré sa blessure, il continue à rester debout et à diriger le combat.

Pendant la journée, le lieutenant Kieffer avait eu le bras traversé par une balle, le sergent Cathala avait été jeté à terre par l'explosion d'un obus, qui tua trois hommes autour de lui. Presque tous les officiers et sous-officiers européens avaient des balles dans les vêtements. Le docteur Allain eut son infirmier tué en même temps qu'un blessé qu'il était en train de soigner.

Dans cette chaude affaire, nous avions tiré 300 coups de canon de 80 m/m, une soixantaine de 65 m/m, 600 coups de canon de 37 m/m et 145 cartouches par homme. Nous avions 46 tués et 106 blessés soit 45 °/o de notre effectif touché.

Pour soigner ces nombreux blessés, il fallait revenir à Fort-Archambault. On avait d'ailleurs besoin de se réapprovisionner, car il ne restait que 60 cartouches par homme et nos vivres étaient presque épuisés.

Néanmoins, le résultat cherché était atteint ; si notre victoire n'était pas complète, la puissance de Rabah n'en était pas moins singulièrement ébranlée. On le vit bien puisqu'il ne tarda guère à évacuer Kouno et ensuite le Baghirmi presque en entier. Le moral des Rabistes était si atteint qu'ils n'osèrent pas attaquer, le 14 décembre, le sergent Abdoul Sall envoyé de Goulfeï par le capitaine Joalland, ni plus tard le lieutenant Meynier, dans son beau raid à travers le Baghirmi.

Les pertes de l'ennemi avaient été énormes : Boubakar, le principal lieutenant de Rabah, était blessé mortellement ; deux de ses chefs de bannière, Ahmed Ould Ibrahim et Othman Cheiko, étaient tués. Sur 400 hommes des bannières personnelles de Rabah, il avait 70 tués (chiffre pris dans ses archives, qui sont tombées ensuite dans nos mains) et les pertes des autres bannières étaient aussi considérables. Le champ de bataille n'était qu'un immense charnier et, lorsqu'on y passa plus tard, on y vit le sol couvert d'ossements.

A l'arrivée à Fort-Archambault, on constata un nouveau résultat de la bataille de Kouno. Des courriers de Gaouran arrivèrent en effet annonçant que la route était rouverte et qu'il allait quitter le Logone pour faire sa jonction avec nous. Nous allions donc avoir des auxiliaires et notre occupation du Baghirmi allait être facilitée par la présence du Sultan légitime, qui pouvait, grâce à nous, rentrer dans ses états.

En arrivant à Gribingui, M. Gentil trouva un courrier lui annonçant la mort du colonel Klobb.

Dès le 1er décembre, M. de Lamothe avait décidé d'envoyer au Chari MM. le capitaine Bunoust, les lieutenants Martin et Larrouy, le maréchal des Logis Papin, tous de l'artillerie, venus en mission topographique, pour étudier un tracé de chemin de fer, destiné à tourner les rapides entre Bangui et Ouadda. On formait en même temps un détachement de 40 hommes avec le personnel disponible à Bangui et ordre était donné dans le Haut-Oubangui d'envoyer d'urgence un détachement de 70 tirailleurs sous les ordres du lieutenant Faure.

Peu après, on nous annonçait la jonction de Gaouran et du capitaine Robillot, qui de concert s'étaient portés à Togbao, pour enterrer nos morts du 18 juillet. Ils avaient poussé ensuite jusqu'à Kouno, qui était évacué.

Le 12 décembre, je quittais Bangui pour rejoindre mon poste et j'arrivais à Gribingui le 31 décembre.

A la fin de Janvier 1900, nous apprenions, avec une joie que l'on peut se figurer, que le lieutenant Meynier avait rejoint le capitaine Robillot le 11 janvier, après avoir fait sept cents kilomètres en quatorze jours. Mais hélas ! on nous confirmait aussi le meurtre du colonel Klobb et on nous faisait connaître le drame de Zinder, la mort de Voulet et de Chanoine. Nous apprenions en même temps, comment, malgré une rébellion contre le lieutenant Pallier, une partie de la Mission Afrique centrale, sous les ordres du capitaine Joalland et du lieutenant Meynier, avait repris la marche en avant, avait atteint le Tchad le 23 octobre, l'avait contourné et était arrivée à Goulfeï le 10 décembre. Le sergent Abdoul Sall n'ayant pu remonter le Chari avec ses six hommes, le lieutenant Meynier était parti par le Bahr er Guig pour faire sa jonction avec nous et prendre des ordres. Enfin, on nous signalait que la mission Saharienne était arrivée à Agadez et avait dû atteindre Zinder vers le milieu de novembre.

Sachant que le Ministre laissait M. Foureau libre de rentrer par le Niger ou le Congo, nous ne doutions pas que nos camarades n'eussent qu'un désir : venir nous prêter main forte pour assurer la chute de l'empire de Rabah.

Ainsi l'horizon, si sombre depuis quelques mois, s'éclaircissait et cette chose surprenante, la jonction sur les bord du Tchad de nos trois missions, allait être faite. Cette tri-jonction de colonnes parties de points aussi éloignés était unique dans l'histoire.

Le 13 février, le Commissaire du Gouvernement se mit en route avec les renforts, des vivres et du matériel pour rejoindre le capitaine Robillot et donner la main aux autres missions.

Pour augmenter nos moyens de transport, on avait apporté de Krébedjé deux baleinières, l'une coupée en deux (chaque morceau pesant près de cinq cents kilos) et une autre toute démontée. Comme aucun mécanicien n'était là, ce fut mon ami le chef d'exploration Perdrizet, qui prit le marteau et, aidé de Bakandjia, le forgeron Mandjia, qui avait déjà travaillé à la construction du *Blot,* riveta les cornières et les tôles.

Comme l'année était exceptionnellement sèche (il en a été ainsi dans toute l'Afrique), les eaux étaient au-dessous de l'étiage ordinaire et par suite la descente du Gribingui et du Chari fut lente et difficile. La flottille descendit à la pagaie et souvent il fallut la traîner sur les hauts fonds de sable. Quant au *Blot,* il était immobilisé à Fort-Archambault, par suite de la baisse des eaux.

Le 12 mars, on quitta Fort-Archambault, les troupes et une partie du convoi marchant par terre, la flottille transportant l'artillerie et le reste du convoi. On était embarrassé par la foule des Baghirmiens, qui rentraient dans leur pays à notre suite, troupe hâve, décharnée, qui jalonnait la route de ses cadavres et qui ne pouvait trouver à se nourrir. Rabah avait, en effet, razzié le pays à fond en se retirant et, si le gibier (hippopotames, antilopes de toutes sortes) n'avaient pas été très abondant, on n'aurait pu nourrir nos troupes. Heureusement, on tuait en moyenne douze à quinze antilopes-cheval par jour, ce qui permettait de distribuer une ration de viande raisonnable alors que celle de mil était seulement de deux cents grammes pour tous, Européens ou indigènes.

A Bousso, on apprit que la Mission Saharienne avait fait sa jonction avec la Mission Afrique-Centrale. Réunies sous les ordres du commandant Lamy, elles avaient brillamment enlevé Kousseri le 3 mars, et tué le chef Capsul. Le 9 mars, une reconnaissance était tombée à l'improviste sur le camp de Fadel Allah ; l'action avait été des plus chaudes, car on s'était fusillé à bout portant, mais une vigoureuse offensive, une charge à la baïonnette nous avaient rendu maîtres du camp, qui heureusement n'était pas fortifié. Les lieutenants de Thézillat et Oudjari étaient blessés ; nous avions en outre deux tués et vingt-huit blessés. Fadel Allah de son côté avait eu son cheval tué sous lui, avait été blessé, avait perdu son sabre et avait de nombreux tués.

Le 14 avril, M. Gentil rencontrait M. Foureau, qui rentrait en France, sa mission terminée, laissant son escorte à la disposition du Commissaire du Gouvernement au Chari. En même

KOUSSERI ET LE LOGONE

temps que lui arrivaient des pirogues envoyées par le commandant Lamy, pour alléger la colonne et permettre d'accélérer la marche. Il avait déjà envoyé, quelques jours auparavant, des chameaux dans le même but. On attendait, en effet, avec impatience à Kousseri l'arrivée de nos troupes, car les vivres étaient rares et l'on n'avait que 130 cartouches par homme, moins que ce qui avait été consommé à la bataille de Kouno.

Aussi Rabah, bien renseigné, s'était il décidé à quitter Dikoa avec cinq mille hommes, six cents chevaux et trois canons. Quinze cents de ses soldats étaient armés de fusils, dont un millier à tir rapide. Il avait établi son camp, qu'il fortifiait, à cinq kilomètres de Kousseri.

Le 21 avril, à deux heures du soir, la réunion des trois Missions était un fait accompli. Pour ne pas laisser le temps à l'ennemi de se reconnaître, on décida d'attaquer dès le lendemain. La soirée et toute la nuit furent passées à faire les préparatifs de départ.

Rabah était en territoire allemand. Mais, comme le poste le plus rapproché était à plus de six cents kilomètres à vol d'oiseau, on ne pouvait demander aux Allemands de mettre Rabah à la raison ou de nous autoriser à le faire nous-mêmes. Heureusement l'héritier d'Achim, le sultan du Bornou que Rabah avait tué sept ans avant, avait été trouvé à Zinder par le commandant Lamy et amené avec lui. Il autorisa Gaouran et ses alliés à se joindre à lui pour chasser l'usurpateur.

Le 22, au matin, nos troupes se mirent en marche, elles se composaient de :

Mission du Chari : 340 fusils, avec 500 coups à tirer par fusil, 2 canons de 80 m/m approvisionnés à 250 coups par pièce ;

Mission Afrique-Centrale : 174 fusils avec 300 coups par fusil, une pièce de 80 m/m approvisionnée à 30 coups ;

Mission Saharienne : 274 fusils avec 130 coups par fusil, plus 50 que nous lui avions apportés, un canon de 42 m/m à tir rapide approvisionné à 200 coups.

La Mission Afrique-Centrale fut placée à l'aile gauche, près du Chari ; la Mission du Chari forma le centre, pendant que la Mission Saharienne occupait l'aide droite et était chargée de faire un mouvement tournant, pour cerner complètement Rabah.

A dix heures, la mission Afrique-Centrale s'engage la première très violemment et l'artillerie ouvre le feu. A midi, le commandant Lamy donne l'ordre aux trois compagnies du Chari de charger. Le tata est envahi de toutes parts, est traversé et la poursuite commence. Le commandant est entré à cheval avec le capitaine Robillot et le lieutenant de Chambrun. Tout à coup, presque à bout portant, une décharge éclate ; le commandant Lamy tombe mortellement blessé, le capitaine de Cointet est tué raide, le lieutenant de Chambrun a un bras cassé. Rabah, bien que blessé, avait pu relever le courage de ses deux bannières et c'est en tentant ce retour offensif pour se faire tuer au moins dans le tata, qu'il avait fait exécuter cette décharge si meurtrière pour nous. Le capitaine Robillot, en l'absence du capitaine Reibell, prend le commandement, et aidé du lieutenant Kieffer repousse l'attaque. La mission Saharienne, qui, par suite du mouvement tournant qu'elle avait à faire, avait été la dernière engagée, poursuit les fuyards sur plus de trois kilomètres, aidée par notre cavalerie et les Baghir-

Drapeaux personnels de Rabah

miens, qui rapportent la tête de Gadem, un des principaux lieutenants de Rabah.

Bientôt, on vient annoncer à M. Gentil que Rabah a été tué. Il demande alors sa tête et sa main gauche, qui avait un signe particulier ; un instant après, le tirailleur de la Mission Afrique-Centrale qui l'avait tué, les apporte. Il n'y a aucun doute : Samba Sall et de nombreux esclaves de Rabah le reconnaissent. Le conquérant africain ; qui avait mis le Soudan Oriental du Nil au Sokoto à feu et à sang était bien mort.

Le capitaine Galland avait reçu un coup de sagaie en abordant la palissade, le capitaine de Lamothe était légèrement touché, enfin le lieutenant Meynier avait l'articulation du genou traversée par une balle. Le sergent Rocher, des tirailleurs algériens, avait été tué.

Parmi les hommes de troupes on comptait :

Mission du Chari : 10 tués et 15 blessés ;

Mission Afrique-Centrale : 7 tués et 15 blessés ;

Mission Saharienne : 2 tués et 11 blessés.

On avait tiré 74 obus de 80 m/m et 20 de 42 m/m.

L'ennemi laissait sur le terrain un millier de cadavres, tous ses étendards et les trois pièces prises à Bretonnet.

Avant de mourir, le commandant Lamy apprit la fin de son ennemi, et, ce fut une consolation pour lui de savoir qu'il ne mourrait pas en vain.

Le 25 avril, une colonne se mit en marche sur Logone, où devait être Fadel Allah ; en route, on apprit qu'il s'était enfui à Dikoa. Sans hésiter, M. Gentil ordonna de l'y poursuivre et de le mettre hors d'état de nuire.

Comme on savait qu'en saison sèche il n'y a pas d'eau sur la route, on remplit des outres, et on chargea les canons, les munitions et les vivres sur des chameaux.

Malgré une marche rapide (un jour on fit 60 kilomètres), on arriva trop tard : Dikoa était évacué après avoir été pillé par les Tripolitains et les Bornouans. Le capitaine Reibell, qui commandait les trois missions, formait une colonne légère de 150 hommes, en partie montés, pour la poursuite, lorsque soudain la poudrière de Rabah fit explosion. Le capitaine Bunoust, le lieutenant Martin furent horriblement brûlés et ne furent sauvés que grâce à l'aide et au sang-froid du maréchal des logis Papin. Cet accident retarda la poursuite, mais on ne rejoignit pas moins Fadel Allah à Déguemba. Le combat ne dura qu'une heure. On prit le camp avec tous les bagages, 10 étendards, 300 fusils, le harem de Fadel Allah, 500 bœufs et beaucoup de prisonniers.

Pendant cette opération, le docteur Haller eut la cuisse cassée par une balle. On dut le ramener en France dans cet état. On peut juger des souffrances qu'il eut à supporter, si

Niarinzhé et des otages Bornouanes

l'on songe qu'il fut porté en litière sur près de 600 kilomètres et ne fut opéré que 9 ou 10 mois après sa blessure. Il peut marcher maintenant mais avec une jambe plus courte de 9 centimères.

Le 5 mai, la poursuite recommença. On avait fait 140 kilomètres lorsque, près de Isgué, le 7 mai, on rejoignit Fadel Allah. La surprise fut complète : on lui fit 6.000 prisonniers, dont 5.000 femmes. Il était hors d'état de nuire, au moins pour quelque temps, et on revint à Kousseri.

Le 24 mai, la Mission Saharienne put prendre le chemin du retour en remontant le Chari.

A son tour, la Mission Afrique-Centrale partit pour Zinder en traversant le Bornou, achevant ainsi de faire le tour complet du Tchad.

La campagne avait été dure pour les deux Missions, qui avaient eu l'une et l'autre de grosses difficultés à vaincre pour atteindre le Tchad, et on ne pouvait leur imposer un surcroît de fatigue en leur faisant passer la saison des pluies au Baghirmi. Il ne restait donc dans le Bas-Chari que les troupes de notre mission, soit 350 hommes. C'était peu, comme l'on ne devait pas tarder à s'en apercevoir. Heureusement, n'ayant plus besoin dans la région civile de 45 tirailleurs, je les mis en route pour Kousseri.

La saison des pluies arrivait à grands pas, il fallait se hâter de s'installer. On occupa Goulfei ; on construisit des postes fortifiés : à Fort-Lamy, en face de l'embouchure du Logone, tout près de Kousseri ; à Mainfa, que l'on nomma Fort-de-Cointet ; à Bousso qui devint Fort-Bretonnet. Dans la région civile, Gribingui prit le nom de Fort-Crampel, Krébedjé celui de Fort-Sibut (du nom du docteur que nous avions perdu à Libreville) et le poste de l'embouchure de la Kémo celui de Fort-de-Possel.

En décembre, Fadel Allah, croyant que notre petit nombre ne nous permettrait pas de le repousser, sortit du Mandara (après s'être sans doute réapprovisionné en armes et en munitions dans les factoreries anglaises de Yola) et marcha sur Dikoa. Les Bornouans, qui sont très lâches, ne se sentant plus appuyés par nos troupes, n'osèrent attendre le choc dans Dikoa. Ils furent atteints et défaits à Ngala et les coureurs de Fadel Allah nous furent signalés à Makari, dans le delta du

Chari. Il nous fallut intervenir, d'autant plus que Fadel Allah avait fait mettre à mort les courriers que nous lui avions envoyés avec des propositions de paix. Le capitaine Robillot concentra immédiatement tout le personnel disponible, ce qui put être fait assez rapidement grâce au *Blot*. Fin décembre, on entra au Bornou sur les instances pressantes de Guerbaï, le sultan que nous y avions installé. Fadel Allah évacua Dikoa sans combat et fut poursuivi sur 500 kilomètres jusqu'à Bellaraba. Il n'y eut que deux petits combats d'avant-garde. Nous revînmes ensuite sur le Chari avec des prises considérables, près de 30.000 bœufs. Mais il nous fallut réprimer une révolte d'Arabes Choa installés sur les bords du Tchad, que Fadel Allah avait soulevés contre nous. On en vint facilement à bout après deux petits combats et ils se soumirent.

En juillet 1901, Fadel Allah, qui venait de recevoir dans son camp la visite d'officiers anglais (ce qu'ignorait le colonel Destenave) et qui, à cause de cela, croyait sans doute à l'impunité, envahit de nouveau le Bornou. Guerbaï nous appela à son secours. Un premier combat rejeta Fadel Allah à l'ouest de Dikoa et, dans la poursuite, le capitaine Dangeville fut assez heureux pour le surprendre et le tuer à Goudjba. Deux jours après, son frère Niébé se rendit avec 1.500 soldats armés de fusils (25 août).

De ce côté tout est donc fini, et, moins de vingt-cinq mois après la mort de Bretonnet et de de Béghale, Rabah, son fils Fadel Allah, ses principaux lieutenants sont morts, Niébé et le reste de ses troupes se sont soumis. Que demander de mieux ?

Maintenant, dans l'Afrique Centrale, nul ne peut ignorer qu'il vaut mieux être notre ami que notre ennemi.

Il ne nous reste plus maintenant qu'à profiter de nos victoires et à montrer que, si nous savons conquérir, nous savons aussi organiser, administrer. C'est ce qu'on a essayé de faire au Chari, et les quelques résultats obtenus avant mon départ vous montreront ce que l'on est en droit d'espérer dans cet ordre d'idées.

*
* *

Dès son arrivée à Fort-Crampel, en juillet 1899, M. le Commissaire du Gouvernement Gentil divisa le Chari en deux régions. L'une que l'on allait conquérir, où l'on allait réinstaller notre allié Gaouran, sultan du Baghirmi, où les officiers et leurs troupes devaient se battre, fut placée sous la direction du capitaine Robillot, aujourd'hui chef d'escadron, et prit le nom de Région Militaire du Bas-Chari.

L'autre, occupée par des miliciens, des fonctionnaires et des agents locaux, fut appelée Région Civile du Haut-Chari ; c'est celle dont je fus chargé durant vingt mois.

***

Bien qu'étant descendu jusqu'à Goulfei, je ne vous dirai que quelques mots du Baghirmi et de ce qui a été fait, car en y passant je n'ai fait qu'y recueillir quelques impressions.

A l'heure actuelle, nous administrons directement le pays Kotoko, formé par le delta du Chari : il a pour capitale Goulfei. Les indigènes qui étaient habitués à payer l'impôt à Rabah en thalers (pièces d'argent à l'effigie de Marie-Thérèse) et en bœufs, ont vu leurs taxes réduites de près de moitié et cependant les recettes sont assez élevées pour payer les frais d'occupation.

Nous exerçons un protectorat sur le Baghirmi. On sait quels brillants résultats nous avons obtenus grâce à cette forme de domination en Tunisie. Il y a tout lieu d'espérer qu'il en sera de même ici. Actuellement, une partie seulement des dépenses est payée par le Baghirmi, car le pays ayant été ruiné, dévasté par les guerres qui l'ont ensanglanté depuis plus de trente ans, on ne l'a imposé que d'une somme peu élevée, que l'on augmentera lorsqu'il aura retrouvé son ancienne prospérité, ce qui ne saurait tarder.

Tout le Bas-Chari est riche en bœufs, en chevaux, en moutons, en grains de toutes sortes ; on y cultive même le blé. Les autruches sont domestiquées et on en élève un grand nombre. Le long des fleuves on voit beaucoup d'oiseaux : aigrettes, marabouts, etc., dont les plumes sont très recherchées. La population, qui est industrieuse, corroye les peaux et en fait les cuirs rouges, connus sous le nom de *filali,* qu'on exporte à travers le Sahara. Elle tisse aussi des étoffes, avec le coton qui pousse très bien dans le pays, et que l'on teint avec l'indigo que l'on y cultive. Les bandes d'étoffes n'ont que cinq à six centimètres de large et, pour faire un vêtement, on les coud les unes à côté des autres. Les indigènes achètent des étoffes de toutes sortes, des soieries, du sucre, du café, du thé, du savon, de la parfumerie, de la quincaillerie, etc., que les Tripolitains leur apportent par caravanes. A nos commerçants d'envoyer toutes ces marchandises par la voie du désert ou par celle du Congo, suivant qu'il s'agit de desservir un point ou un autre du bassin du Chari.

*
* *

La région du Haut-Chari s'étend du coude nord de l'Oubangui (5° de Lat. N.) jusqu'au confluent du Bamingui et du Gribingui (8° 37' de Lat. N.) et du Bahr-Sara, à l'ouest, jusqu'aux sources du Gribingui et du Koukourou, à l'est, c'est-à-dire du 16e au 18e degré de Longitude Est environ. Elle a donc la forme d'un énorme rectangle de 400 kilomètres de long sur 200 de large.

Mais si notre action s'est fait sentir d'une façon efficace sur toute la longueur, elle ne s'étendait que jusqu'à une cinquantaine de kilomètres de part et d'autre de la route de ravitaillement, qui la traverse du nord au sud dans sa partie centrale. Au delà, nous nous sommes contentés d'envoyer des reconnaissances pour étudier sommairement le pays ; toutefois, dans l'est, notre action s'est étendue jusqu'au 19e degré de longitude dans le Haut-Kouango et le Haut-Bamingui. Nous avons en effet reçu la visite d'un certain nombre de chefs des tribus habitant ces deux bassins : ils désiraient entrer en relations commerciales avec nous et avoir notre protection contre les razzias des musulmans.

De la région du Haut-Chari dépendait aussi politiquement le Bled el Kouti, qui a pour sultan Snoussi ben Abaker.

*
* *

Avant l'arrivée de la deuxième Mission Gentil, le pays avait été sillonné par un assez grand nombre de voyageurs. Dès 1891, Crampel, Dybowski, Maistre et ses compagnons avaient cherché à passer du bassin du Congo dans celui du Chari et y avaient tous réussi. Crampel, après avoir traversé la Koddo, le Koukourou, le Bamingui, le Bangoran, était arrivé dans le Kouti où il fut assassiné. Dybowski avait poussé jusqu'au Kaga-Kourou et Maistre, plus heureux, après avoir reconnu le

Gribingui sur environ un degré de latitude, avait coupé le Bahr-Sara et le Logone avant de rentrer par la Haute-Bénoué. De 1896 à 1898, MM. Gentil, Hunsbuchler, Prins, Joulia, Fredon, parcoururent le pays tout en faisant transporter les pièces du *Léon-Blot*. Ils reconnurent ainsi que Maistre avait confondu (l'erreur est bien pardonnable, d'ailleurs) la Nana et la Bassa, dont il ne faisait qu'une seule et même rivière, alors qu'elles sont distinctes. Ils découvrirent les affluents du Haut-Gribingui : la Doukouma, la Koddo ; un sous-affluent du Bahr-Sara, la Dy et en déterminèrent les directions générales. Après eux, en 1898, de Béhagle passa de la Haute-Kémo dans le bassin du Haut-Gribingui et visita les Kaga-Goussembri, Bacamba et Mbrè pendant que M. Mercuri remontait la Haute-Tomi et allait ensuite à Ndéllè, chez Snoussi.

Aussi ne nous restait-il plus grand' chose à découvrir, et notre rôle fut seulement de faire une étude plus complète, plus exacte, plus approfondie de ce pays si important pour nous, puisqu'il est la clef de voûte du Chari tout entier. C'est en effet par là que fatalement tout : personnel, matériel et ravitaillement doit passer. Pour assurer la liaison entre les bassins du Congo et du Chari, il faut d'abord une route (les événements plus forts que la volonté humaine nous ont empêché de l'entreprendre, mais nos successeurs, plus libres, y travaillent actuellement), et, plus tard, une voie ferrée deviendra nécessaire pour assurer l'exploitation du bassin fermé du Tchad.

Les obstacles naturels sont très faibles et la construction du chemin de fer sera facile. Il est probable que l'on pourra utiliser la « *houille blanche* » et faire un chemin de fer électrique en se servant de chutes d'eau, naturelles ou artificielles. Une source d'énergie électrique est d'ailleurs toute trouvée, puisque la basse Nana est coupée par trois chutes hautes au total de quinze mètres au moins et réparties sur un bief de moins de quatre cents mètres. Je ne sais si les massifs du Djirri ou du Mandabarré contiennent des chutes utilisables, en tous cas il semble facile d'en créer au moyen de barrages. L'emploi de l'électricité augmenterait sans doute les dépenses de première installation, mais l'exploitation serait bien plus économique. Il ne faut guère songer au bois, en effet, pour chauffer les locomotives, le Haut-Chari ne se trouvant pas dans la zône de la grande forêt, et quant à la houille et au pétrole, qu'on ne semble pas devoir trouver sur place, il faudrait les amener par le chemin de fer de l'Etat indépendant, puis par le Congo et l'Oubangui, ce qui augmenterait de façon excessive leur prix de revient. (A l'heure actuelle, on paye au minimum 1.000 à 1.500 francs la tonne pour le transport de Matadi à Bangui.)

* * *

Pendant les années 1899-1900 et le commencement de 1901, environ quatre mille kilomètres d'itinéraires ont été levés à la boussole par les officiers de passage, par les fonctionnaires ou agents en service dans la région. Personnellement, nous avons fixé dans le Haut-Chari cinquante points en latitude par circum-méridiennes et cinquante-six en longitude par des transports de temps, ce qui nous donne un réseau assez serré, dans lequel il n'y a plus qu'à enchâsser les itinéraires. La carte sera donc assez exacte.

Nous avons observé aussi la déclinaison magnétique en six points et déterminé par rapport à Fort-Crampel environ quinze cents cotes altimétriques qui permettent de déterminer assez bien les formes du terrain. Je dois dire tout de suite que les mouvements du sol sont en général fort peu accentués ; les pentes sont très longues, presque insensibles à l'œil, et, si on n'observe pas sans cesse un baromètre, il est bien difficile pour ne pas dire impossible de se figurer, même approximativement, le relief du pays. Il faut, par exemple, avoir fait un nivellement barométrique pour admettre que la ligne de faîte entre les deux bassins du Gribingui et de la Kémo est à 105 mètres au minimum et atteint même en certains endroits 216 mètres au-dessus de Fort-Crampel.

Le sol, est en général, formé de limonite ou fer hydroxydé et d'argile. En beaucoup d'endroits, la limonite apparaît à nu, formant de grandes plaques rougeâtres qui atteignent parfois cinq à six cents mètres de diamètre, sur lesquelles les indigènes fant sécher leurs racines de manioc, après les avoir mis pourrir dans l'eau. Dans presque tous les villages, on exploite ce fer au moyen de hauts-fourneaux de 2^{m} 50 de haut et de 1^{m} 20 de diamètre, par la méthode catalane. Parmi les indigènes, il y a d'excellents forgerons, qui fabriquent des haches, des houes, appelées *ngapous*, des fers de flèches ou de sagaies, etc.

Les points où les roches percent ce manteau de limonite et d'argile sont rares surtout dans l'ouest. Au contraire, dans l'est, une série de montagnes rocheuses, connues sous le nom de Kaga, émergent dans les environs de 16° 30' de Long. Est, Ce sont des saillies granitiques, qui naturellement ont produit des phénomènes de métamorphisme dans les roches avoisinantes. On trouve, en effet, autour de ces Kagas ou sur leurs flancs mêmes des gneiss granitoïdes, des gneiss, des micaschistes. des schistes micassés, des quartzites, etc.

A notre grand regret, nous n'avons pu découvrir de roches calcaires ni même de marne ; il en résulte que pour faire de la chaux nous avons été réduit à employer des coquilles d'huîtres que l'on retire du Gribingui aux basses eaux. Nous n'avons trouvé ni fossiles ni empreintes. Il est vrai que nos moyens d'investigation étaient fort limités et que nous n'avions pas le temps de faire des recherches sérieuses. Cette absence de données précises fait qu'il est fort difficile de classer sûrement les terrains parcourus ; cependant l'étude des quelques échantillons rapportés nous permet de croire que le Haut-Chari est formé de terrains primitifs, plus exactement de terrains archéens.

La ligne des Kagas commence, par 5°50' de latitude nord environ, avec le Kaga Blindou aperçu par Maistre et est formée ensuite par les Kaga Sérembala, Gombo, Srouba, Bayère, Boga, Mbrè, Boukaga, Goussembri (c'est le plus haut de tous ceux que j'ai vus, il est plus élevé que Fort-Crampel de 312 mètres, ce qui lui donne par suite une altitude absolue d'environ 762 mètres), les Kaga Bacamba, Mbra, Kourou, et au nord du Bamingui, les Kaga Bazou, Balidjia, Dargo, Bringui, vus par M. Prins.

D'après des renseignements indigènes, tout le pays jusqu'au Dar Silah et au Dar Dadjo au sud du Ouaddai est hérissé de Kaga du même genre, tels que les Kaga Folo, Diffili, Toulou, Guény, Guélé, Mouffo, Kara et Mourra. C'est une région dont l'exploration serait fort intéressante au point de vue géologique et géographique et où il serait sans doute facile de faire de la triangulation, qui ailleurs ne se fera que très difficilement à cause de l'absence presque absolue de points d'où l'on ait une vue étendue.

Entre la Tomi et l'Ombella, mon camarade et ami, M.

l'Administrateur Rousset a trouvé les Kaga Tchipao et Mindou à l'emplacement où Maistre avait indiqué les monts Bolo. Au nord de la Tomi, sous le même méridien, le Kaga Djirri dresse ses roches imposantes d'où descendent de jolies cascades. Il a été visité par M. le capitaine de Lamothe et ensuite par M. Rousset.

Certains de ces Kaga sont vraiment pittoresques ; le Kaga Mbra est particulièrement curieux à cause de ses blocs de roches énormes, jaillissant du sol brusquement et le dominant de quarante à cinquante mètres. Certains ressemblent à de gigantesques menhirs naturels et tout semble indiquer qu'il y a eu par là des convulsions géologiques, qui ont amené des dislocations remarquables et ont donné au pays un aspect chaotique. Le Kaga Goussembri est aussi fort remarquable ; il forme un massif de deux kilomètres de long sur 600 mètres de large environ, qui tombe à pic du côté de l'est, formant une falaise verticale de quatre-vingts mètres de haut, coupée par des failles verticales qui l'ont découpée en énormes monolithes accolés.

*
* *

La région du Haut-Chari étant à cheval sur les deux bassins de l'Oubangui et du Chari, donne naissance à des rivières, qui se dirigent les unes vers le sud, les autres vers le nord.

Les premières sont la Ouaka, la Kémo, l'Ombella et la Mpoko.

La Ouaka, qui très vraisemblablement est une branche du Haut-Kouango, n'a pas été reconnue ; elle m'a seulement été signalée et des patrouilles de mes miliciens ont traversé ses affluents, la Gounda et la Koudou, en 1900. Au printemps 1901, juste au moment de mon départ, M. le commandant Destenave a envoyé, sur mes indications, M. le capitaine Truffert faire une reconnaissance dans cette direction (1).

(1) C'est à tort, je crois, que M. le capitaine Truffert dit (*Revue générale des Sciences*, numéro du 30 janvier 1902) que le Kaga Mbré est formé de grès blancs ou colorés. Les échantillons que j'ai rapportés montrent qu'il est constitué par des micaschistes et des quatzites. C'est aussi par erreur qu'il appelle Kaga Yagoua le Kaga Goussembri. D'après sa carte même on pourrait croire que ce sont deux Kaga différents, or il n'en est rien. Les Maroubas disent parfois pour désigner le Kaga Goussembri : Kaga Yagoua, mais c'est par éllipse, pour dire le Kaga de Yaouga, celui qu'habitait Yagoua. Celui-ci était un grand chef Marouba que Snoussi a tué il y a huit ou neuf ans. Très fréquemment les indigènes désignent un village par le nom du chef, de même pour une montagne où il y a un village, mais toujours, le village ou la montagne a son nom. Il faut habituer les interprètes à le demander, car il est invariable, alors que l'autre change quand le chef meurt.

La Kémo prend sa source au Kaga Bayérè, coule vers l'ouest pour s'infléchir ensuite vers le sud. Nous l'avons coupée en deux points, vers 6° nord et avons constaté qu'elle passe dans une vallée encaissée, resserrée par des collines qui la dominent d'une centaine de mètres environ. Des éperons de gneiss granitoïde la barrent presque complètement en certains endroits et rendent toute navigation impossible, comme MM. Dybowski et Gentil l'avaient constaté depuis longtemps en aval.

Son affluent, la Tomi, est la vraie voie de pénétration vers

BARRAGE DE PÊCHE DES GBAGGAS SUR LA TOMI

le nord, c'est celle que nous avons utilisée. Elle est excessivement sinueuse et, près de son embouchure, elle est coupée par quelques petites chutes qui sont franchissables en toute saison ou peut s'en faut, et, sauf les années exceptionnelles, les pirogues et les baleinières peuvent remonter toute l'année à Fort-Sibut. Les Gbaggas l'ont coupée par de grands barrages de pêche, fort bien construits (M. l'Administrateur en chef Fourneau m'a dit en avoir vu d'identiques dans la Mamberré, une des branches mère de la Sangha) ; ces barrages sont fort rapprochés : il y en a quatorze sur moins de vingt-cinq kilomètres de rivière.

L'Ombella, qui prend sa source tout près de celle de la Tomi est formée par la réunion de quatre cours d'eau d'importance presque égale : la Iambré, la Fafa, la Sy, et la Baba. Son cours n'a jamais été remonté tout entier en pirogue, ce qui fait qu'il est impossible de dire quelle est sa navigabilité et par suite son importance comme voie de pénétration. C'est une reconnaissance hydrographique intéressante à faire, car par là on pourrait peut-être se rapprocher de la Fafa, affluent de la Oua (Bahr-Sara) et décharger un peu la route de ravitaillement ordinaire. Mais ce ne sera jamais qu'une voie de pénétration accessoire.

La Mpoko, qui est appelée Bali dans son cours supérieur, prendrait sa source par 6° nord environ au Kaga Bigoua, d'où descendrait aussi une rivière Bili ou Bi. M. l'Administrateur Rousset, qui a exploré la Mpoko, croit qu'elle est la Lobaï, les indigènes lui ayant dit qu'elle allait directement à l'Oubangui. Ne serait-ce pas plutôt la Konga, dont le cours inférieur a été remonté en 1888 par M. Dunod et qui se jette dans la Mpoko tout près de son embouchure ? D'ailleurs nous savons depuis l'exploration de M. Fredon que la Lobaï vient des environs de la Sangha.

La Mpoko est encombrée de rapides dans tout son cours, car elle coule dans une vallée étroite et M. l'Administrateur Rousset a découvert, au printemps 1901, qu'elle s'est frayée une route à travers les contre-forts des Kaga Dama et Tounga, qui la dominent de 150 à 200 mètres. Près de Dendè, où il l'atteignit, la Mpoko est coupée sur plus de 500 mètres par des chutes et des rapides d'une extrême violence, et, quelques kilomètres plus bas, il estime qu'elle a une dénivellation de vingt-cinq à trente mètres sur un parcours de 3 à 400 mètres seulement. Il y a donc là, non plus des rapides mais bien des chutes importantes. En aval, il semble qu'elle est seulement encombrée de rapides nombreux et fort difficiles. En septembre 1891, M. Nebout avait dû renoncer après cinq ou six jours de vains efforts à remonter cette rivière au courant violent ; et en janvier 1901, M. le capitaine Brunet n'a pas été beaucoup plus heureux ; en cinq jours, il n'avait pu le remonter que sur environ 30' en latitude et encore avec beaucoup de peine. Ce n'est donc pas une voie de pénétration vers le nord.

Le Gribingui, qui forme le Chari après sa réunion avec le Bamingui, prend sa source au sud du Kaga Mbrè. Il est coupé de rapides et tout à fait innavigable en amont de Fort-Crampel. En ce point, il reçoit la Nana, qui vient du Sud, et, six kilomètres en aval, la Koddo, qui vient de l'est. Cette dernière rivière prend sa source au sud du Kaga Goussembri, le contourne ainsi que le Kaga Bacamba et coule ensuite plein ouest. C'est le plus important affluent du Gribingui.

Après l'avoir reçue, le Gribingui s'élargit, tout en augmentant de profondeur ; les baleinières et les vapeurs peuvent y naviguer les unes toute l'année, les autres d'août au 15 décembre. Aux basses eaux, le Gribingui a vingt-cinq mètres de large à Fort-Crampel une trentaine en aval du confluent de la Koddo et de quarante à soixante après le confluent de la Bassa. Aux hautes eaux, il monte de 4 mètres 20 comme en 1900 ou de 6 mètres à 6 mètres 50 comme en 1897, année de crue exceptionnelle. Il inonde alors un faux lit de 4 à 600 mètres de large. Aussi tous les villages sont bâtis à au moins un kilomètre à l'intérieur sur les premiers ressauts de terrain.

Le lit du Gribingui est encombré d'arbres morts. (Un certain nombre ont été abattus par les indigènes, pour barrer en partie la rivière et permettre de placer leur nasses de pêche.)

Un rideau d'arbres le borde de chaque côté. Ils envoyent fort loin leur ramure, ce qui restreint la zône libre des eaux et complique la navigation. Elle est d'ailleurs assez difficile pour un vapeur en raison de l'étroitesse de la rivière et surtout à cause de ses coudes fort nombreux et fort aigus. Pour y naviguer, il faut un personnel habitué aux manœuvres de force et bien en main.

Au dessous de la Koddo, le Gribingui ne reçoit sur sa rive droite que la Mihi, qui n'est qu'un petit ruisseau, et à gauche, la Bassa et la Vassako (ou Fissa, ou Bessa, ou Bangalèlè), qui l'une et l'autre sont d'importance fort médiocre.

Nous avons reconnu les sources de la Mbala, affluent du Koukourou, que Crampel et Dybowski avaient traversé autrefois. Au printemps de 1901, MM. les capitaines Julien et Babelon ont atteint le Bamingui au point où MM. Prins, Mercuri, Bretonnet, Pierre l'avaient traversé. Ils l'ont remonté pendant quelques kilomètres jusqu'au confluent du Koukourou, qu'ils ont suivi jusqu'à sa rencontre avec la Mbala. Ils sont rentrés ensuite par le Kaga Mbra et le cours inférieur de la Koddo.

Le cours moyen du Bahr-Sara, que l'on appelle Oua, entre 6°30' et 7°30' de Lat. N. et, dans son cours supérieur, Ouahm, a été reconnu en mai 1900 par mon camarade et ami M. l'administrateur Bernard, qui, en novembre de la même année, l'a remonté avec le docteur Huot jusque près de la Sangha, nous reliant ainsi aux itinéraires de M. Perdrizet, qui, après M. Clozel, l'avait atteint en partant de Carnot et l'avait longé jusqu'à Guikora, en 1896-97. Nous avons, nous-même, atteint la Oua en mai 1901 au village de Niébéro, point extrême reconnu par M. Bernard, et nous l'avons longé en aval durant 35 kilomètres.

C'est, même aux basses eaux, une fort belle rivière, large de 80 à 100 mètres aux endroits où il y a plus de deux mètres d'eau et de 150 à 200 aux endroits, fort nombreux, où elle a moins de 40 centimètres de profondeur. En saison des pluies, la Oua occupe certainement tout son lit large de 200 mètres en moyenne et déborde même presque partout couvrant une zône d'inondation, qui doit varier entre 1.000 et 1.500 mètres, et qui est fort reconnaissable à cause de sa végétation spéciale. En aval de son confluent avec la Fafa, elle semble ne pas être coupée par des barrages rocheux, tandis qu'elle en est encombrée en amont. Comme son exploration hydrographique n'a pas été faite, on ne peut se prononcer en toute certitude sur sa navigabilité, mais aucun doute né peut subsister sur son identité avec le Bahr-Sara, puisque je l'ai quittée par 7°30' alors que Maistre l'a traversée à Garenki par environ 8°40' et que M. le capitaine Lœfler ne l'a pas rencontrée dans son itinéraire entre 7°30' et Kouno.

Nous avons remonté en pirogue son affluent la Fafa, qui est excessivement sinueuse, de son embouchure qui est par 7°20' jusqu'à 6°30'. On pourra l'utiliser aux eaux moyennes avec des baleinières et aux hautes eaux avec un vapeur jusque vers 6°40'. Plus au sud, des rapides, des chutes rendent toute navigation pratique impossible. Le lit de la Fafa a une trentaine de mètres de large, et, comme presque toutes les rivières de cette région, elle déborde dans un faux lit pendant la saison des pluies.

Tout le Haut-Chari est coupé par un grand nombre de petits

ruisseaux aux rives très à pic, presque à sec aux basses eaux et qui en saison des pluies deviennent très difficiles à franchir, car ils ont alors deux ou trois mètres de profondeur. La piste de ravitaillement, longue de 180 kilomètres, est coupée par 55 ruisselets entre Fort-Sibut et Fort-Crampel. Une des premières choses à faire pour l'aménager est donc de construire des ponts, afin de faciliter le passage.

*
* *

Le pays est couvert par une brousse composée surtout de grandes herbes, hautes en beaucoup d'endroits, à la fin de la saison des pluies, de 3 à 3^{m}50. Ce sont des graminées à tiges dures et coupantes, qui mettent les vêtements en lambeaux et qui les inondent de la rosée qui les couvre abondamment toutes les nuits. Aussi, en juin, nous avons fait débrousser la piste sur une largeur de deux mètres. Les indigènes ont compris qu'ils étaient les premiers à bénéficier de ces travaux, et ils se sont prêtés sans difficulté à cette corvée, qu'ils avaient d'ailleurs déjà faite avec certains de nos prédécesseurs.

On trouve rarement de vastes espaces où l'herbe règne en maîtresse incontestée ; presque partout il y a une multitude d'arbres petits, rabougris, contournés, hauts de trois à quatre mètres au maximum et distants les uns des autres de cinq à six mètres. De loin en loin, il y a de véritables taillis et quelques rares futaies. En général on ne trouve de grands arbres que sur les bords des cours d'eau. C'est là que l'on rencontre les grosses lianes à caoutchouc : celles-ci sont fort nombreuses, mais les indigènes ne savent exploiter que le Banga, qui est, je crois, une landolphiée. Son latex se coagule spontanément et il est très riche en caoutchouc, puisque 75 centilitres de latex donnent un bloc de caoutchouc de 825 grammes, qui, après dessication complète, pèse encore 625 grammes. Les produits des autres lianes, que l'on ne sait pas encore coaguler, donneront sans doute un caoutchouc inférieur à celui du Banga, qui est exceptionnel. Ce dernier (perçu comme impôt) a été vendu aux enchères à Brazzaville, en juillet 1901, 4 francs le kilo.

*
* *

Nous avions installé à Fort-Crampel un petit observatoire

météorologique où nous avions un barographe, un thermographe, un hygrographe qui ont fonctionné d'une façon continue durant vingt mois. Nous avions en outre un thermomètre maxima et un minima, un thermomètre-fronde, un pluviomètre et une règle d'étiage. Pendant quinze mois, nous avons lu un baromètre Fortin ; aussi, nous rapportons des renseignements très intéressants sur le climat. Malheureusement les autres enregistreurs de la mission sont arrivés en mauvais état et n'ont pu être utilisés, ce qui nous a empêché d'installer des stations identiques à Fort-Sibut et à Fort-Archambault.

De novembre 1899 à octobre 1900, il est tombé 1.275 m/m de pluie ; c'est notamment moins qu'à Mobaye, dans l'Oubangui, où, en 1897, j'en avais recueilli 1.642. Il est vrai que 1897 était une année exceptionnellement pluvieuse alors que 1900 a été une année moyenne. Les températures maxima et minima ont été 45° et 9°8. La saison sèche dure quatre mois, de novembre à fin février ; pendant cette période il ne tombe pas une goutte de pluie. Les nuits sont excessivement fraîches, le thermomètre oscille entre 9°8 et 15° pour monter dans la journée entre 30 et 45°. C'est en mars que l'on a le plus grand écart entre le jour et la nuit : 32°6 et que l'on passe par le maximum absolu. A Mobaye, nous n'avions eu que 20°8 d'écart maximum dans un même mois et, dans l'année, les maxima absolus n'avaient été que 15° et 38°.

Les premières tornades, qui sont surtout sèches, arrivent en mars. En avril, mai, octobre, il pleut d'une façon moyenne 100 m/m par mois environ. La grande saison des pluies va de juin à fin septembre, avec des chutes mensuelles de plus de 200 m/m. Le 29 avril 1901, j'ai vu tomber de la grêle de 4 à 5 m/m de diamètre, par une tornade très violente. C'est la première fois depuis six ans que j'en voyais tomber en Afrique, bien que ce phénomène m'ait été signalé par de nombreux Européens.

On le voit, le climat diffère assez sensiblement de celui de Mobaye ; la saison sèche s'allonge, la chute d'eau diminue, le climat tend à devenir désertique et ces caractères ne font que s'accentuer lorsqu'on s'avance vers le nord.

*
* *

Les indigènes du Haut-Chari sont de trois races distinctes

Banda, Mandjia, Sara, qui se sont mélangées, enchevêtrées d'une façon extraordinaire.

C'est dans le Bas-Gribingui et le Bahr-Sara que l'on trouve les tribus qui se rattachent aux Saras ; ce sont les Ngamas, les Dagbas (qui paraissent de race assez pure), tandis que les Routous ou Arétous, les Koungouas, les Oudios (que Maistre appelle improprement Ouis-Ouias du nom du village de leur principal chef Yagoussou), les Tannés, les Tambaggos semblent être des métis de Saras et de Bandas.

Les Dagbas et les Ngamas sont fort grands : 1m80 est chez eux une taille fort commune. Ils sont bien bâtis, biens musclés, ce sont de vrais géants. Leur costume national est le tablier de cuir, signalé par Nachtigal et Maistre, qui leur sert de siège et de selle. Ils ont, en effet, des chevaux de très petite taille, les premiers d'ailleurs que l'on trouve en venant du sud. Ils ont le crâne rasé ou les cheveux coupés très courts. Pour tout costume, les femmes ont une ceinture de quelques centimètres de large, ornée de perles en fer, d'où pendent par devant ou par derrière, sur une largeur de dix à vingt centimètres, des cordelettes de trente centimètres de long, ornées elles aussi de perles de fer. Les hommes et les femmes portent des bracelets de cuivre coulé, ornés de quelques légers reliefs. Leurs armes sont des sagaies à fer très petit et les grands couteaux de jet que l'on trouve jusqu'au bord du Tchad. Ils les portent sur l'épaule dans une gaîne qui en contient généralement sept. Leurs boucliers sont en vannerie ; ils ont 1m50 de haut et 50 centimètres de large. Je n'ai vu chez eux ni flèches ni arcs.

Leurs cases sont rondes, de deux mètres de diamètre seulement, en forme de ruche, couvertes avec de la paille artistement tressée. La paroi haute de un mètre est aussi en paille tressée.

Ils dorment sur des lits faits avec des rondins qui sont supportés par quatre fourches hautes de 70 centimètres environ.

Leur numération est peu différente de celle des Saras, des Tounias et, en tous cas, les chiffres fondamentaux 1 et 5, *kada* et *mi*, sont les mêmes. Leur langue paraît d'ailleurs être un dialecte Sara.

Le fond de la population du Haut-Chari est de race Mandjia, qui paraît établie depuis fort longtemps dans le pays. Les

Mandjias semblent avoir occupé à eux seuls un grand territoire, limité à l'est par le 18ᵉ degré de longitude, au nord par le 7ᵉ parallèle, à l'ouest par la Oua et la Mamberré, affluent de la Sangha, au sud par le 4ᵉ parallèle.

Mais, à l'heure actuelle, il n'en est plus de même : sous l'action des razzias des Nubiens et des Ouaddayens, qui depuis fort longtemps venaient faire des esclaves dans le Dar-Fertit et le Dar-Banda, les tribus de ce dernier pays se sont mises à émigrer vers l'ouest et se sont heurtées aux Mandjias. Ceux-ci

Un chef Ngao et des Mandjias de la Fafa

formant un bloc compact, étant attaché à la terre, (ils cultivent des plantes qui ne produisent qu'au bout de dix-huit mois, comme le manioc), ont résisté passivement, se sont fait lentement refouler en certains points, mais n'ont pas émigré à de grandes distances.

Il résulte, de tous ces efforts divers, que nombre de tribus Banda forment comme des îlots au milieu de la masse Mandjia, îlots souvent reliés entre eux par des bandes très etroites de gens de même race.

Les divisions en Mandjias proprements dits et en Mandjias Goriés données par Maistre, ne paraissent pas exister. Cependant ceux des bords de la Fafa, de la Oua et de la Mpoko se nomment Mandjias Mbakas. Enfin, tout fait présumer que les gens que l'on nomme Baïas, dans la Sangha, sont des Mandjias Baïas.

Je suis très près d'accepter l'opinion de mon camarade Rousset, qui dit dans un de ses rapports :

« *Ceux qu'on appelle des Bondjos Baggas, des Bouzérous, des Bondjos Boboyas et autres ne sont pas autre chose que des Mandjas Mbakas. Et si dans leur bouche la langue mère a subi des altérations, des modifications plus ou moins profondes, c'est qu'ils ont mené un genre d'existence à part et contracté des alliances qui ont eu pour effet de transformer le type des individus.*

« *Ainsi les soi-disant Bondjos d'en aval de Bangui, plus robustes, s'allient depuis longtemps aux femmes Ngombés, de l'Etat indépendant, dont la corpulence et la fécondité sont très appréciées.* »

Les Mandjias se font remarquer par la quantité d'ornements en bois, en fer, en cuivre, en quartz, en étain qu'ils se mettent dans le nez, dans les oreilles et dans les lèvres. Leurs voisins en portent aussi souvent, mais en moins grande quantité. Naturellement les modes ne sont pas identiques partout, elles sont influencées par celles des voisins : ainsi les Mandjias de l'est ont emprunté aux Dakpas et aux Ngapous, qui habitent dans les bassins du Kouango et du Bamingui, la coiffure en chignon. Beaucoup d'entre eux portent des ceintures de fer que Maistre a signalées (1) et leurs femmes ont des colliers de forme assez curieuse. Les hommes portent souvent autour du cou des colliers formés par deux dents de phacochère, ou par une série de dents d'animaux, plus petites, et on leur voit aux bras et aux jambes des bracelets formés par des spirales de fer plat, qui couvrent tout l'avant-bras ou la jambe, de la cheville au mollet.

Leurs cases sont rondes et entourées d'une murette en terre battue, haute de quarante centimètres, faite avec l'argile rouge enlevée à l'intérieur de la case, dont le sol se trouve ainsi en

(1) Je suis heureux de dire que les parties ethnographiques de l'ouvrage de Maistre sont en général très exactes ; bien qu'étant passé très vite, il a bien observé.

contre-bas. Les Mandjias Mbakas des bords de l'Oubangui, en même temps qu'ils ont pris une partie des mœurs et des coutumes des gens de race Bangala, ont adopté les cases rectangulaires, longues de 30 à 40 mètres sur 2 mètres 50 de large, dont les parois sont faites en planches grossièrement équarries et dont la toiture à double pente est couverte par de larges feuilles et non plus par de l'herbe sèche, ce qui s'explique d'ailleurs par le fait que les uns habitent la forêt, alors que les autres habitent la brousse herbeuse.

Comme armes, ils ont exclusivement des arcs et des flèches. Les boucliers et les sagaies sont rares.

Ils font quelques statuettes en bois fort grossières, représentant des hommes, des femmes, des animaux, qui leur servent de fétiches. Ce sont les seuls de la région qui essayent de sculpter des êtres vivants. M. Perdrizet m'a dit que les Baïas de la Sangha faisaient eux aussi des statuettes tout à fait analogues.

Les Bandas, dont nous avons indiqué tout à l'heure les causes de migration, forment un grand nombre de tribus non homogènes. Elles sont souvent fractionnées en une série de groupes souvent très éloignés les uns des autres. Ainsi, nous savons que les Ouaddas, qui sont peut-être des Fertits et non des Bandas dont ils auraient seulement appris la langue, sont au moins répartis en trois groupes : il y en a dans le bassin de la haute Kotto, d'autres sont sur la Vassako, affluent de droite du Bamingui par 8°30' de latitude environ, pendant qu'on trouve sur les rives de l'Oubangui le groupe avec lequel nous sommes entrés en relations dès 1891. Il en est de même pour presque toutes les tribus.

Il serait trop long d'énumérer toutes les peuplades de race Banda qui sont dans le Haut-Chari et d'indiquer leurs zônes d'habitat. Nous citerons seulement les principales : les Ngaos, les Maroubas, les G'baggas, les Mbrès, les Kas, les Ungourras, les Mbis, les Bis, les Sabangas (peut-être des Fertits comme les Ouaddas, ou des Nsakkaras), les Ndis, les Lagbas, les Togbos, les Langouassis, les Mbrous, les Ngaos Ngapous, les Nguerés, qu'on appelle improprement Ndris ou Ndérés, parce que c'est de cette façon que les Banziris et les Sangos désignent tous les gens de l'intérieur.

Chacune de ces tribus paraît compter, en moyenne, environ

dix mille âmes. Les Bandas sont beaucoup plus guerriers que les Mandjias. Ils ont fourni à Rabah ses meilleurs soldats. Ils emploient surtout la sagaie et le bouclier.

Ils sont peu attachés au sol. On voit qu'ils craignent toujours

GÉAGOUSSOU, CHEF NGAO ET SES GENS (RACE BANDA)

d'être obligés de décamper et de pousser plus loin, aussi ne cultivent-ils que du mil, qui se récolte au bout de six mois, et très rarement du manioc. Je ne parle pas des patates, des ignames, des dazo (espèce de crône), des arachides, du maïs, des cucurbitacées de toutes sortes, des haricots, etc., toutes cultures maraîchères qui se récoltent rapidement et dont ils plantent de grandes étendues. Leurs cases, qui extérieurement ressemblent beaucoup à celles des Mandjias, sont au niveau du sol et la toiture ne repose pas sur une murette, sans doute parce qu'ils ne se sentent pas assez stables.

A l'est du 18e degré de longitude, il y a deux groupes de populations qui, d'après nos renseignements, seraient fort importants : les Ngapous et les Dakpas, qui ont été traversés par M. Dybowski, qui appelle ces derniers Ndakoas. Nous sommes entré en relations amicales avec eux, et un certain nombre de leurs chefs sont venus à Fort-Crampel demander protection contre les razzias de Snoussi. Naturellement, il a été fait droit à leur demande ; nous leur avons remis des pavillons et avons écrit à Snoussi de les respecter. Nous avons même pu nous faire rendre quelques femmes, qu'un de ses rezzous avait prises au printemps de 1900.

* * *

Nous étions en correspondance suivie avec Snoussi, sultan du Bled-el-Kouti. Pendant une période nous échangions au moins deux lettres par mois, si bien que lors des passages de M. Foureau, puis de la mission Saharienne, ses courriers qui étaient présents ont pu se rendre compte par eux-mêmes de la véracité de nos dires. Rentrés à Ndéllè, ils ont pu affirmer que nos Arabes d'Algérie avaient contribué à la chute de l'empire de Rabah et qu'il nous était possible de faire venir du monde à travers le Sahara pour aider nos Sénégalais.

Les nécessités de la campagne n'ont pas permis que l'un de nous aille à Ndéllè ; aussi je ne m'étendrai pas sur le Bled-el-Kouti. Je dirai seulement que Snoussi avait comme grand-père Méram, oncle d'un sultan du Baghirmi, et que son père s'appelait Abaker. Celui-ci, à la suite d'intrigues de cour, dut quitter le Baghirmi, qui était son pays d'origine, et alla successivement au Bornou, au Ouaddai, puis à la Mecque. Il vint ensuite rejoindre son frère Koubrou, qui était sultan du Kouti et vassal du Dar-Rounga. Il lui succéda et Snoussi le remplaça lorsqu'il mourut de maladie, il y a quelque quinze à dix-huit ans. Sa fille Hadja avait alors cinq ans, et son fils Adem n'était pas encore né. Lorsque Rabah, dans sa migration, passa au sud du Ouaddai, il soumit Snoussi. Il serait même venu en personne jusqu'aux Kagas Goussembri et Mbré, où il aurait donné l'investiture à Gatro, père de Grimintou, chef actuel des Ungourras. Au moment de l'arrivée de Crampel à Ndéllè, Rabah était du côté de Korbol. D'après Snoussi, il lui aurait intimé l'ordre de tuer Crampel, menaçant de revenir en arrière si on ne lui obéissait pas et de lui faire la guerre.

Qu'y a-t-il de vrai dans cette version ? En tous cas, il semble bien certain que Rabah, après le meurtre de notre malheureux compatriote, exigea tous les fusils (il n'en aurait laissé que trois à Snoussi), toutes les marchandises, une partie des Sénégalais survivants, Niarinzhé la Paouhine de Crampel et la propre fille de Snoussi, Hadja, qui devint femme de Fadel Allah. Dans la poursuite, après la prise de Dikoa, elles furent prises toutes deux et, depuis, ont été renvoyées chez elles.

HADJA, FILLE DE SNOUSSI BEN ABAKER

En novembre 1900, un refroidissement sensible se produisit entre Snoussi et nous, lorsque M. le Commissaire du Gouvernement lui demanda des nouvelles de deux Sénégalais de Crampel qui, d'après les Maroubas, les Tambagos, Niarinzhé et Hadjia, étaient encore chez lui. Durant le séjour de M. Mercuri, on les aurait enchaînés et éloignés de Ndéllè.

Durant quatre mois, Snoussi suspendit toute communication avec nous, et les indigènes nous annoncèrent qu'il se préparait à nous attaquer par surprise.

Il n'en fut rien. Au contraire, apprenant l'arrivée du bataillon de relève, il demanda, en mars 1901, l'autorisation de venir à Fort-Crampel. Le commandant Destenave lui ayant donné des assurances amicales, il vint en personne et, le 19 mai, fit son entrée à Fort-Crampel avec une escorte de 600 fusils et de 200 hommes armés de sagaies. Il apportait des cadeaux importants en ivoire, caoutchouc et bétail.

M. le capitaine Julien fut nommé résident de France à Ndéllè, où il réside actuellement avec une escorte de 25 fusils.

*
* *

Le chiffre de la population d'un pays faisant prévoir, au moins en partie, ce qu'il peut devenir comme débouché commercial, ce qu'il peut rendre comme impôt de capitation et ce qu'il pourrait, à l'occasion, fournir comme main-d'œuvre, j'ai tenu à me rendre compte, d'une façon aussi exacte que possible, de son importance.

Naturellement, je n'ai pu faire un recensement comme en France ; je me suis contenté de choisir, dans le sud de Fort-Crampel, un rectangle de 3.370 kilomètres carrés que nous avons parcouru d'une façon assez complète, mes agents et moi, relevant tous les villages et comptant les cases.

Nous avons trouvé un peu plus de 200 villages, ayant en moyenne quarante cases, et, en admettant que chacune d'elles fût occupée par quatre habitants, ce qui est un chiffre moyen, puisqu'un certain nombre d'officiers ou de mes camarades comptent qu'une case contient cinq ou six habitants, nous trouvons 32.000 âmes, soit un peu plus de neuf habitants par kilomètre carré.

La région du Haut-Chari, telle qu'elle a été définie au cours de cette conférence, ayant 80.000 kilomètres carrés, si l'on admet que ce nombre de neuf habitants par kilomètre carré représente la densité moyenne de sa population, devrait avoir 720.000 habitants. J'estime qu'en réalité elle en a 4 à 500.000.

Bien que l'étude du reste de la région n'ait pas été poussée aussi loin que dans ce petit champ de recherches, il ne nous semble pas que la densité varie sensiblement. Nous pouvons affirmer, en tous cas, qu'entre deux tribus il n'y a pas, comme on l'a dit souvent, de terrain de chasse désert sur un ou deux jours de marche. Ce qui a contribué à le faire croire, c'est que les guides des premiers explorateurs, ne tenant pas à leur faire connaître les villages, les faisaient circuler dans la brousse, par des sentiers de chasse passant à quatre ou cinq kilomètres des agglomérations. Maintenant qu'on nous connaît, que la confiance a succédé à la peur, que nous occupons le pays, il est facile de se faire conduire partout.

Le territoire qui s'étend entre Fort-Crampel et le Bled-el-Kouti paraît beaucoup moins peuplé, car il a été dévasté par les razzias des musulmans qui venaient y chasser l'esclave.

Il est très probable que la région du Haut-Chari a une densité supérieure à celle de la moyenne de l'Algérie et de Madagascar (7 hab. par kil. carré pour l'Algérie et 6 pour Madagascar).

Le Congo tout entier me paraît, d'ailleurs, beaucoup plus peuplé que ne l'indiquent les statistiques officielles, qui ne lui donnent que 8 millions d'habitants. Les renseignements que j'ai recueillis auprès de beaucoup d'Européens font que j'ai acquis la conviction que le Congo français doit avoir entre 12 et 15 millions d'habitants, c'est-à-dire autant ou presque autant que l'Indo-Chine, si l'on en croit certains auteurs.

*
* *

M. le Commissaire du Gouvernement divisa la Région Civile en deux cercles : celui de Fort-Crampel et celui de Fort-Sibut.

Il décida l'occupation permanente des postes de Fort-de Possel sur les bords de l'Oubangui, à l'embouchure de la Kémo, de Fort-Sibut au point terminus de la navigation de la Tomi, de Nanal A au confluent de la Nana et de la Gougou, et enfin de Fort-Crampel au pied du Kaga Bandéro.

Le manque de personnel (la mort de Bretonnet et de ses compagnons ayant fait des vides cruels dans nos rangs) ne permit pas d'installer d'une façon continue un Européen à Ungourra, qui fut occupé par Aliou Samba, un Sénégalais fort intelligent, vieux serviteur, qui avait déjà passé une dizaine d'années au Congo, notamment sous les ordres de mon ancien chef, M. le gouverneur Liotard. Aliou Samba nous rendit de très grands services et sut faire d'excellente politique indigène.

Nous avions pour consigne : assurer d'abord le ravitaillement des troupes qui marchaient au feu, puis organiser et administrer le pays, mais en sacrifiant au besoin le second objectif au premier. Faire passer des charges, recruter des porteurs, les charger, tenir la comptabilité de tout le matériel confié à nos soins, était une tâche quelque peu ingrate, en tous cas bien moins intéressante que celle d'étudier, de reconnaître le pays, de l'organiser, de percevoir l'impôt, etc. C'est cependant à cela que nous dûmes consacrer presque tous nos efforts ; aussi je tiens à rendre hommage à l'abnégation, au dévouement et à la bonne volonté de tous mes collaborateurs. Si nous n'avions consulté que nos préférences personnelles, nous aurions tous demandé à aller à l'avant, là où il y avait à payer de sa personne, mais il fallait que quelqu'un s'occupât de l'arrière, et nous avons fait de notre mieux pour assurer ce service.

Il est juste que je cite ceux qui ont travaillé à mes côtés, qui sont devenus pour moi des camarades, des amis : MM. les administrateurs Rousset, Pinel, Perdrizet, les inspecteurs de milice Langlais et Meyran, le chef de station Landre, les chefs de poste Costa, Bobichon, Castel, Cardi Larbi, Abd el Kader.

Nous avons eu la douleur de perdre un certain nombre d'entre eux : le chef de poste Costa, pour lequel il fallut, hélas ! ouvrir un cimetière à Fort-Crampel, où devait le rejoindre bientôt mon excellent ami, l'administrateur Pinel, enlevé à l'affection de M. le Commissaire du Gouvernement, dont il était le camarade de lycée, et à la mienne, au moment où il venait d'être nommé administrateur, et qui, par suite de l'absence du télégraphe, est mort sans connaître sa nomination ; l'inspecteur de milice Meyran, qui s'est éteint à Bangui à la veille de rentrer, et enfin le chef de poste Castel, mort après son retour en France. La campagne a été rude ; je ne parle pas des souffrances physiques qui ne comptent pas, mais des souffrances morales, des soucis, de l'angoisse qui nous étreignait. Si les balles n'ont fauché personne d'entre nous, nous n'en avons pas moins payé un tribut presque aussi lourd que nos camarades qui combattaient. Peu d'entre eux, heureusement, sont morts de maladie et les autres avaient au moins la satisfaction de mourir vite et glorieusement.

Pour assurer le ravitaillement, voici quelles furent les mesures prises par M. le Commissaire du Gouvernement : en temps ordinaire, les charges étaient transportées par eau de Bangui jusqu'à Fort-Sibut par les pagayeurs de l'Oubangui que les administrateurs voulaient bien mettre à notre disposition. C'est seulement quand les eaux étaient exceptionnellement basses que l'on employait concurremment les porteurs entre Fort-de-Possel et Fort-Sibut. Entre ce point et Fort-Crampel, il n'y a pas d'autre moyen de transport que le portage, qui fut organisé comme je l'ai indiqué au commencement de cette conférence. La route est divisée en 6 étapes, dont la longueur varie de 26 à 38 kilomètres ; les porteurs franchissent facilement cette distance en saison sèche, car ce sont des gens infatigables, qui, non chargés, marchent à une allure de six à sept kilomètres à l'heure et font facilement cinquante kilomètres par jour.

Maintenant que nous occupons le Bas-Chari, où il y a beaucoup de chevaux, de bœufs, et d'ânes, nous allons pouvoir essayer en grand l'acclimatation des ces animaux dans le Haut-Chari. Ce ne sera peut-être pas facile, car des indigènes disent qu'il y a une mouche qui les tue *(tsétsé ?)* ; le fait est que pour une cause ou pour une autre (mouche, mauvaise herbe, manque de soins, etc.) nous avons perdu, depuis 1897, un grand nombre d'animaux venus du Kouti. Mais, pour être juste, il faut dire qu'un certain nombre de ces animaux ont résisté dans nos divers postes et qu'à la mission de la Sainte-Famille sur l'Oubangui, il y a un beau troupeau qui prospère. Il est vrai qu'il est bien soigné.

L'introduction du bétail transformera les conditions de la vie, en assurant, grâce au lait et à la viande fraîche, une nourriture moins débilitante que l'éternel poulet ; elle soulagera de bien des fatigues durant les voyages, et elle permettra peut-être de supprimer, au moins en partie, le portage à tête d'homme. Au point de vue nourriture, il faut aussi signaler l'introduction de la culture du riz, qui a fort bien réussi : à Fort-Crampel, nous avons eu trois récoltes dans la même année.

Bien traités, bien nourris, bien payés, s'étant peu à peu créé des besoins, les indigènes se rendent maintenant à nos convocations sans difficultés, et même, lorsque deux ou trois mois se sont écoulés sans gros transports, ils viennent d'eux-même offrir leurs services.

Nous avons essayé d'agrandir la zône d'où nous tirions des porteurs afin d'arriver à ne pas déranger le même homme plus de quatre fois par an, de façon qu'il ne fasse que huit jours de portage effectif et ne soit absent de son village qu'un mois par an en tout. Si on ne demande aux indigènes qu'un effort raisonnable, si on ne les rebute pas, le portage et le pagayage qui sont des calamités véritables, quand ils sont mal compris et organisés de manière à écraser les populations, deviennent au contraire, pendant un certain temps, une excellente école pour ces mêmes populations sauvages et n'ayant aucune notion de discipline.

J'ai constaté ces excellents résultats dans mon ancien cercle de Mobaye, que j'ai eu le plaisir de reparcourir en 1899 et où j'ai trouvé des populations qui nous affectionnent, qui reconnaissent notre justice et la protection effective que nous leur avons donnée contre leurs voisins.

Au premier appel, elles ont répondu à mon excellent ami, qui était alors leur chef, l'Administrateur Bobichon. En quinze mois il put nous recruter 300 volontaires Sangos, Bourakas, Yakomas, pour remplacer les miliciens Sénégalais qu'il fallait envoyer combler les vides causés par les sanglantes batailles de Togbao, de Kouno et de Kousseri. Ces miliciens auxiliaires furent assez vite instruits et nous rendirent de grands services.

En rentrant, j'ai appris que mon ancien cercle de Mobaye avait fourni, en outre, une centaine de miliciens à Libreville et à Brazzaville, pendant que 200 autres étaient allés dans la Sangha ou dans d'autres régions du Congo, au service des sociétés concessionnaires et leur étaient très utiles. Voilà des résultats palpables dûs à l'excellente administration de M. le Gouverneur Liotard, qui a trouvé un digne continuateur dans son élève, l'Administrateur Bobichon.

Pour assurer le ravitaillement, en vingt mois, nous avons levé un minimum de 60 à 70.000 porteurs, qui nous ont fourni 130 à 150.000 journées de portage. C'est, on le voit, une lourde corvée qui leur a été imposée, mais elle n'est pas excessive, puisque la populalion sur laquelle elle a porté est nombreuse.

* * *

Les postes de garde-pavillon que nous avons créés nous ont permis d'asseoir notre autorité d'une façon effective, tout en restant pacifiques. Ils ont en même temps servi à assurer la tranquillité, à empêcher les luttes de village à village qui auparavant étaient si fréquentes et à ouvrir les routes à tous. On commence à se rendre compte que nous voulons pour chacun la liberté de circuler partout sans être molesté, sans payer des droits de passage, et, petit à petit, les barrières tombent. Les indigènes ont si bien compris que nous leur assurions la sécurité qu'ils n'hésitent plus à sortir de leur village, de leur tribu. Pour montrer jusqu'à quel point on a confiance en nous, je vous citerai l'anecdote suivante :

Un jour, je vis arriver à Fort-Crampel, avec un courrier, un petit Sango de sept à huit ans. Il venait, me dit-il, voir sa sœur mariée à un de mes miliciens. Seul, il avait quitté son village, Mongué (un jour en aval de Mobaye), s'était embarqué dans une pirogue d'un convoi qui descendait à Bangui, s'était arrêté à Fort-de-Possel et en était reparti par terre avec le premier courrier montant à Fort-Crampel. Il avait fait 600 kilomètres dont 300 à pied. Quel est l'enfant, chez nous, qui à son âge, oserait entreprendre un tel voyage ?

Si nous n'étions pas venus dans le pays, il serait mort sans avoir jamais été à cinquante kilomètres de son village, de crainte d'être mangé. En effet, tous les indigènes du Haut-Oubangui et du Haut-Chari sont anthropophages. Il faut noter qu'à notre contact ce goût de la chair humaine disparaît. Dès qu'un indigène nous a un peu fréquentés, il ne veut plus avouer qu'il a mangé ou qu'il mange de l'homme. C'est un commencement ! Au contraire, ceux qui ne se sont pas frottés à nous, n'ont aucune honte à avouer cette chose, qui leur semble toute naturelle. Faut-il dire qu'il est inutile de tenter d'arrêter l'anthropophagie par des lois et règlements ? Cela amènerait un soulèvement général ; il faut laisser agir le temps et la paix que nous apportons avec nous.

Maintenant, tout le monde sait que, sous notre protection, on peut aller à Djibouti, au Tchad, en France et en revenir, et il est probable qu'avant peu nous verrons naître des commerçants nomades comme les Dioulas du Soudan, qui répandront au loin les marchandises qu'ils achèteront dans nos factoreries. Ce sont des auxiliaires précieux pour ne pas dire indispensables, qui actuellement manquent totalement.

* * *

A son retour du Baghirmi, M. le Commissaire du Gouvernement décida de faire admettre l'impôt à ces populations, au moins en principe. Il ne faut pas oublier, en effet, que tous ces fétichistes, ces anthropophages, n'ont jamais payé l'impôt à personne, et ne se doutent même pas de ce que cela peut être ; que les chefs de village n'ont qu'une autorité bien plus théorique qu'effective ; qu'il n'y a aucun groupement ; que chaque village est indépendant du village voisin, et quelquefois même son ennemi quoique les habitants soit de même race.

A notre grande surprise, les indigènes parurent comprendre

et, ce qui est mieux, s'exécutèrent. Il est vrai que le raisonnement que leur tint mon chef était clair, logique, irréfutable et simple en même temps ; c'était la théorie du *do ut des* qui leur fut exposée de la façon suivante :

« Avant notre arrivée, est-il vrai que les musulmans, les Rabah, les Snoussi, vous razziaient à chaque saison sèche, et vous tuaient ou vous enlevaient vos femmes, vos enfants, vos chèvres, vos poules, etc.? Est-ce que depuis que nous sommes dans le pays tout cela n'est pas changé ? N'êtes-vous pas tranquilles ? Ne punissons-nous pas ceux de nos miliciens qui « font mauvais avec vous » ? Tout cela est-il vrai ? — Oui, répondirent-ils, nous pouvons cultiver en paix. Vous payez ce dont vous avez besoin tandis que les Smoussous prenaient et ne nous donnaient rien en échange. — Eh bien ! si les musulmans ne viennent plus vous razzier, c'est qu'ils ont peur de nos fusils, de nos canons, de nos Sénégalais. Mais tout cela coûte cher. Si vous ne nous donnez rien, nous partirons et vous serez razziés de nouveau. — Nous ne voulons pas que vous partiez. — Eh bien ! nous continuerons de vous payer ce que vous avez planté, récolté ou élevé. Mais, dans la brousse, il y a beaucoup de *banga* (caoutchouc) ; ce n'est pas vous qui l'avez planté, vous ne savez même pas le récolter ni le préparer et il vous est inutile ; ce n'est donc pas votre propriété. Nous vous montrerons à le récolter, à le préparer et pour chacune de vos cases, vous nous en donnerez un kilo par an ; vous en payerez autant à votre chef. Pendant les premiers temps, les villages qui feront du portage seront exempts d'impôt et on établira un roulement entre vous. »

On avait parlé, pour la première fois, de l'impôt vers le 20 septembre 1900 et, le 1er avril 1901, nous avions perçu, à ce titre, près d'une tonne de caoutchouc, 300 kilos nous avaient, en outre, été donnés comme amende, et nous en avions acheté 1.500 kilos (1). Là où il n'y avait pas de commerçant nous achetions la part du chef, le laissant libre d'ailleurs d'aller à Fort-Sibut ou à Fort-De Possel vendre aux factoreries.

(1) Une lettre que je viens de recevoir m'apprend qu'en 1901 les recettes de la région du Haut-Chari ont été :

Impôt de capitation (ivoire et caoutchouc)................	79.986 fr.
Remboursement de transports fait par la région militaire	96.885
Total.............	176.872

Ivoire envoyé comme tribut par le sultan Snoussi ben Abaker

Comme nous avions commencé à créer quelques chefs de canton, ces derniers percevaient 300 grammes de caoutchouc par case et le chef de village 700 grammes. Pour que les chefs nous soient utiles, il faut qu'ils aient de l'autorité, et, comme ils n'en ont pas, c'est à nous de leur en donner par tous les moyens. Or, en les enrichissant, nous leur donnerons les moyens d'action dont ils manquent en ce moment.

Les chefs comprirent rapidement les avantages qu'ils pouvaient retirer de cette nouvelle situation et nous avons trouvé parmi eux quelques auxiliaires dévoués, auxquels il ne manque qu'un peu de confiance. Ils ont été, en effet, si souvent razziés par les musulmans, si souvent trompés par eux, qu'ils sont devenus extrêmement craintifs et défiants ; aussi faut-il beaucoup de temps pour acquérir leur confiance. Il est vrai que lorsqu'elle est acquise, ils ne la retirent plus sans motifs très sérieux.

Nous avons aussi établi un impôt indirect sur les fusils, qui sont la chose qu'ils prisent le plus, et, en un mois, nous avons perçu, pour ce chapitre, 350 kilos.

Snoussi nous a envoyé comme tribut 600 kilos d'ivoire et 300 de caoutchouc.

En trois mois, la factorerie de la « Brazzaville » à Fort-Sibut a pu faire 1.500 kilos d'ivoire et 300 de caoutchouc. Si ses transactions se sont arrêtées là, c'est que son stock de marchandises d'échange était épuisé.

* * *

Voilà quelques résultats que nous avons obtenus : ils sont faibles, mais symptomatiques. Nous n'avons jamais disposé, en effet, des moyens que M. le commissaire du Gouvernement aurait voulu pouvoir mettre à notre disposition. Au lieu de quatorze Européens prévus au budget, nous n'avons jamais été plus de neuf en service. Au lieu de 200 miliciens exercés, connaissant le pays, parlant le français et les langues indigènes, aptes enfin à faire leur métier de gendarme, nous n'avons eu que 60 miliciens et 140 recrues, qu'il a fallu instruire et qui, pendant ce temps-là, faisaient seulement nombre.

Si, avec ces ressources restreintes, nous avons pu faire un peu, on est en droit d'attendre beaucoup le jour où l'on voudra et pourra donner des moyens proportionnés au but à atteindre. Nous sommes convaincu que tout le Congo français, et en particulier le Haut-Chari, est rempli de richesses latentes de toutes sortes et qu'avec du temps, du travail, de la continuité et surtout de la patience, on arrivera à les mettre à jour.

Le Congo, qui traverse actuellement une crise de croissance, connaîtra alors la prospérité comme nos autres colonies, où l'on a beaucoup dépensé pour la conquête, pour l'outillage, et où l'on n'a récolté que longtemps après avoir semé. Ce jour-là, ceux qui y ont travaillé, qui y ont souffert, qui y ont vu tomber leurs camarades, seront fiers de l'œuvre à laquelle ils ont collaboré.

Nous devons à l'obligeance de la Librairie Hachette la communication des clichés qui ont servi à l'illustration de cette Conférence et qui sont empruntés au livre de M. Gentil : *La Chute de Rabah.*

La carte ci-contre est extraite de la *Géographie*, « bulletin de la Société de Géographie de Paris », et nous a été communiquée par la librairie Masson.

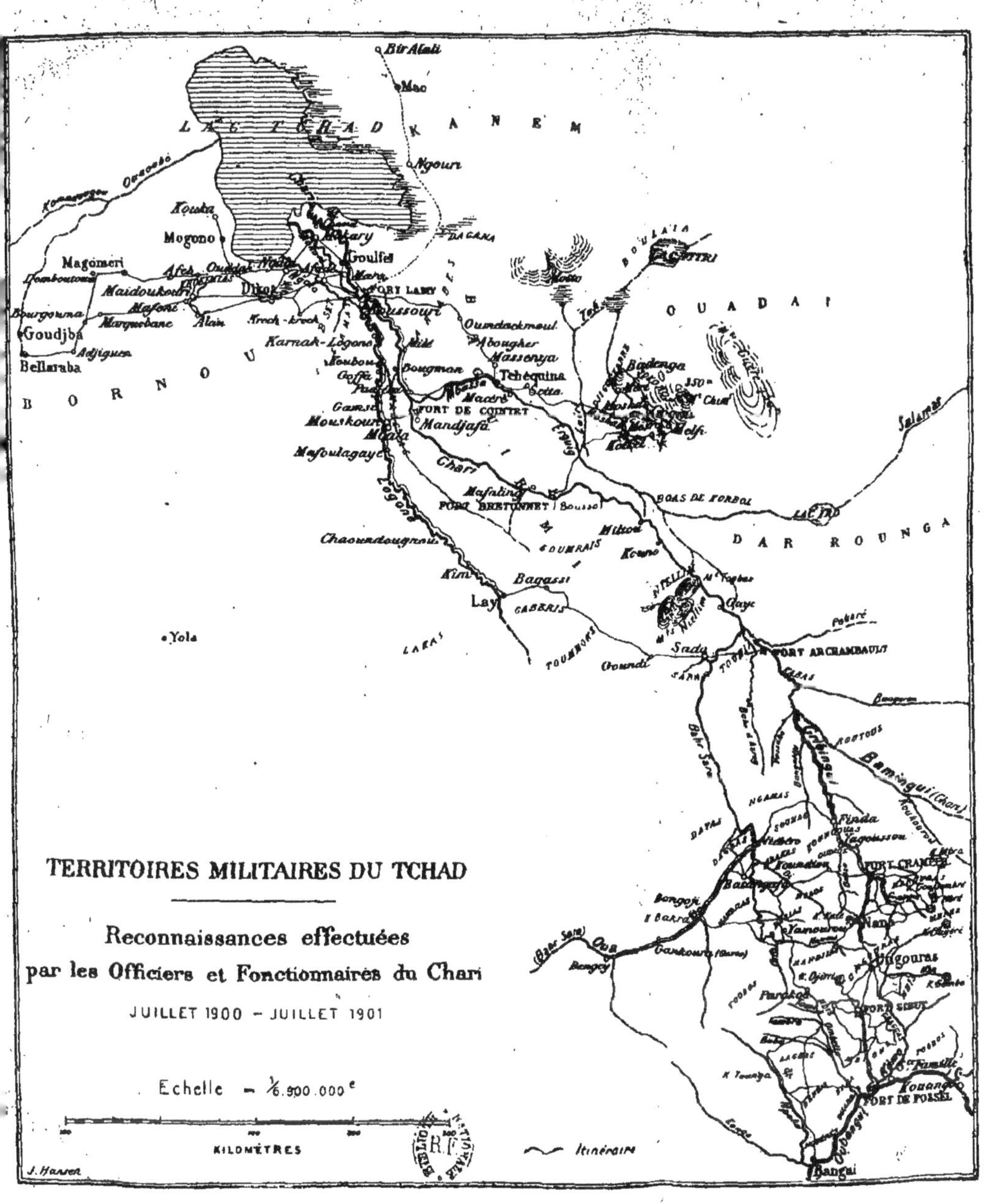
TERRITOIRES MILITAIRES DU TCHAD
Reconnaissances effectuées
par les Officiers et Fonctionnaires du Chari
JUILLET 1900 – JUILLET 1901
Echelle – 1/6.900.000e
KILOMÈTRES
Itinéraire
J. Hansen
Bir Alali
Mao
KANEM
Ngouri
Kouka
Mogono
Magomeri
Goulfeï
Dikoa
Maidoukouri
Mafoni
Goudjba
Bellaraba
BORNOU
FORT LAMY
Karnak-Logone
Oumdackmoul
Abougher
Massenya
Tchéquina
FORT DE COINTET
Mandjafa
Mouskoun
Mafoulagaye
Chari
FORT BRETONNET (Bousso)
Miltou
OUADAÏ
DAR ROUNGA
Chaoundougrou
Bagassi
Lay
Yola
Sada
FORT ARCHAMBAULT
Oumdi
Bamingui (Chari)
Finda
FORT CRAMPEL
Bangoji
Ouà
Yamouroa
Nana
Gankoura
Ngouras
Parakos
FORT SIBUT
FORT DE POSSEL
Ouangui
Bangui

www.ingramcontent.com/pod-product-compliance
Ingram Content Group UK Ltd.
Pitfield, Milton Keynes, MK11 3LW, UK
UKHW021008220726
13924UKWH00002B/923